ど素人がはじめる不動産投資の本

100万円台の自己資金で大家さんになろう

IT系サラリーマン大家さん
国房啓二郎＋
フリー編集大家さん
中川寛子 著

SE
SHOEISHA

金持ち兄さん
貧乏兄さん
金利10％でも勝ち続ける！
サラリーマン大家さんの極意
マンガ／鈴木みそ（貧乏兄さん）
不動産投資家／国房啓一郎（金持ち兄さん）
4年ほど前
「金持ち父さん貧乏父さん」という本がベストセラーになりました
金持ち父さん
貧乏父さん
ロバート・キヨサキ
おお
うぉぉぉ
すごい
お金のまわし方に眠れないほど感動したのだが
特に何かをした訳ではないマンガ家の私鈴木みそ（当時39歳）

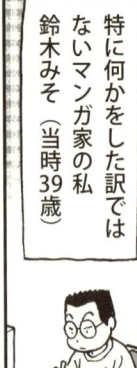

お
おおおおおおお!!
これはすぐに始めないと!
すぐに行動を始め
関連本を買い集め
不動産投資を始めた国房啓一郎（当時32歳）
その結果 彼は金持ち兄さんになり
私は貧乏兄さんなのである

……
そーゆーわけで私　正直とてもくやしいというかモヤモヤしたものがあるわけですが
金持ち兄さんにいろいろとお話をうかがってみようと思います
よろしく
国房さん若いけど不動産投資なんてしたことは？
もちろんど素人です
ただのサラリーマンです
ひと言で言うと
銀行からお金を借りて
不動産を買って
それを他人に貸して
その家賃で儲ける……
そんなことうまくいくはずねぇよって思いませんでしたか
いえ……
もちろんリスクはありますけど
やってみる価値はあると思いました

……
その行動力が一番の違いなのかーっっ
今からでも間に合いますか
もちろん　いつからでも始められますから
もちろん彼もむやみに投資してるんじゃないのよ
中川寛子
不動産に詳しいフリー編集者 私（鈴木みそ）の友だちで金持ち姉さん
ちなみに昔からの飲み友達なのでした
それはいいから
例えばよくある新築の投資用マンションだけど……
24㎡で2360万円とか
そのくらいのものが多い
これはダメ
なぜ？

高すぎるのよ
あと　せまいので10年後に借り手がつかなくなるかもしれない
利回りが7~8%だときついですね
金利の上昇を考えても9%くらいは……
あのー
利回りって
なに?
えーっと
簡単にするために物件の値段を1000万円としましょう
月々8万円で貸したとすると
年間96万円の家賃が入ってきますから
1000万円の投資に対して1年間で96万円の収入
それが利回り9.6%

利回り10%だと
1年で1割回収するってことで
10年で元がとれる と
経費とか金利とかいろいろ細かな部分はありますがざっくりそうだっていうことです
なるほど
わかった!
金持ち兄さんは数字に強いんだ!
ええ ただ数字は
カラクリがあったりするので
カラクリが?
ボクははじめて買った物件でやられました
都内の一等地でワンルームが出てたんです
駅から近くて築年もそれほど古くない
そして利回りなんか11%

これはいい
だろうと
でも
よくなかった
と!?
→うれしそう
いえ……
ボクが
オーナーに
なった
最初の半年は
よかったん
ですよ
でも
それまで
入居していた
人が出た後
借り手が
つかないんです
この値段じゃ
誰も借り
ないよ
家賃
下げたら?
えっ?
不動産会社にも
相談は
したんですが……
家賃下げたら
当然利回りも
下がるわけか
計算狂うわけですよ
あっ
わかった
不動産屋は
最初
高い家賃に
設定して
利回りを高く
見せることが
できる!
そうです
……
結局 どうしたの?

家賃下げると利回りが低くなるので
頭かかえました
なんとかこの部屋を高く売れないかどうすれば貸りてもらえるか？
この時のリカバリーが後々とっても大事な勉強になったんです
不動産って面白いものでね手をかけるとどんどんよくなるのよ
でもあまりお金をかけては回収できなくなるでしょ
お金をかけずに
手をかける
マンションって買うのと借りるのとでは人が注目する場所がぜんぜん違うんですよ

借りると買うの違い!?
買う時はたくさんの条件を細かくチェックしますよね
駅から近いけど環境はいいのか?
学校は近いか? 将来の間取りはどうか?
でも 借りる時は意外と簡単に決めるんですよ
ひとつでも気に入った点があれば大丈夫
そっか
また 2年後に引っ越せばいいしね
例えば 水場がきれいってとっても大事なんです
でも水道の工事は高いですから
蛇口だけを新しくする

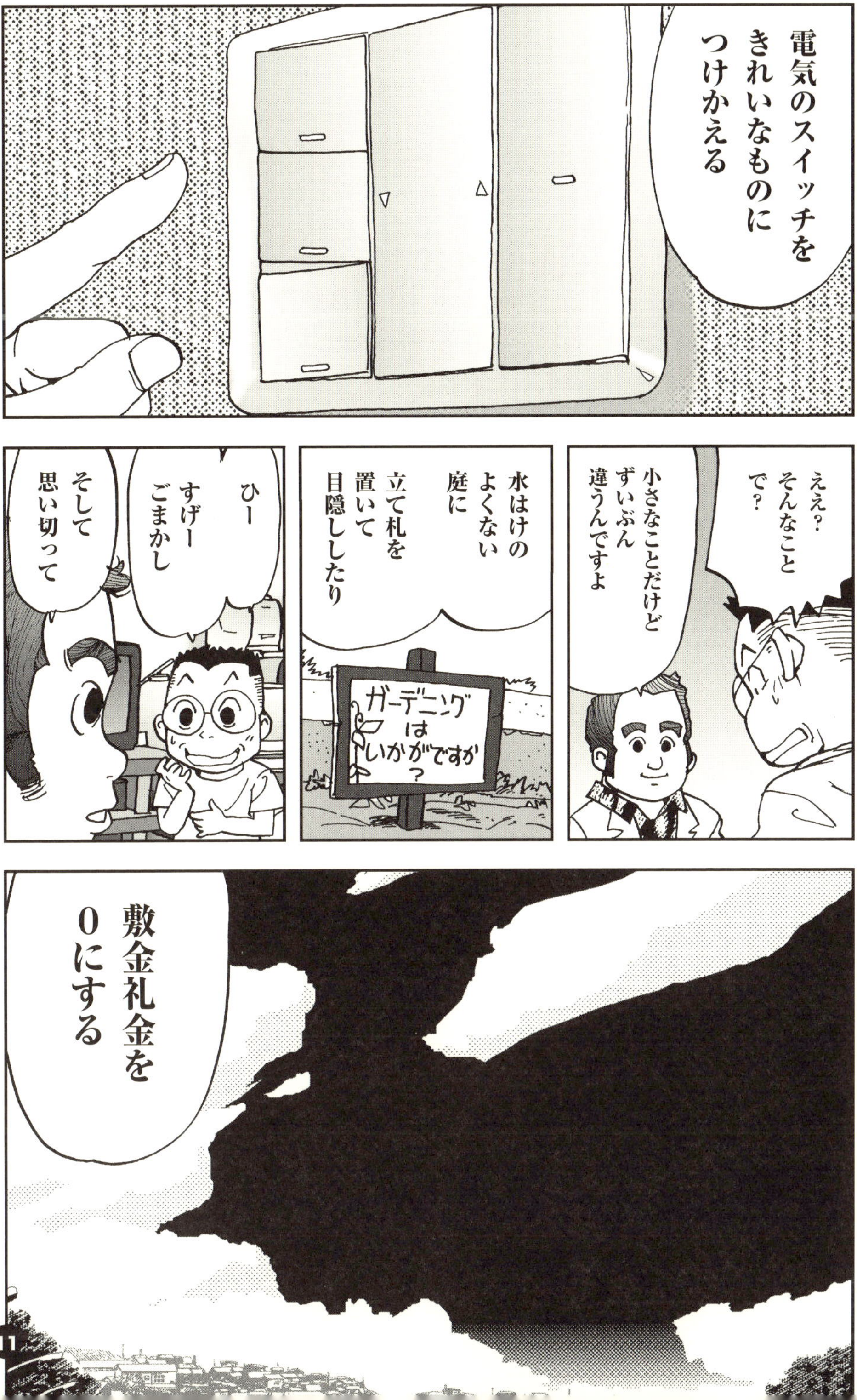
電気のスイッチをきれいなものにつけかえる
ええ？そんなことで？
小さなことだけどずいぶん違うんですよ
水はけのよくない庭に立て札を置いて目隠ししたり
ガーデニングはいかがですか？
ひー すげー ごまかし
そして思い切って
敷金礼金を0にする

えーっ
敷・礼
ゼロー!!
ふふふ…
え？
すごいコト
じゃないの？
それ
計算して
みると
損はしない
です
えええ
家賃10万と
しましょう
2年を半年
としますから
24ヶ月
それに
礼金2つ
敷金2つ
全部で
28ヶ月分です
大家から見ると
2年で280万円が
入りますが
それを
24ヶ月で
割っちゃえば
同じこと
え？
すると家賃は
11万6千円

これを2年間もらえば礼金・敷金をもらったことと同じになる
ああ!
11万6千円×24ヶ月=278.4万円
10万円×24ヶ月+10万×4=280万円
最初に引っ越すとき礼金・敷金で2+2
不動産会社に1つ1ヶ月分の前払いが1つで60万円
それが不動産1前払い1で23万2千円ですむから
ぐっと借りやすくなります
うわーん
すごいよ兄さん
貸す側の視点ではなく借りる側の視点で見ることが大事なんです
むー
やっぱりただものじゃないよ
いえいえ 普通のサラリーマンですよ
ボクが他人に不動産を勧めるのは
手間がかからないからです

今までの話と矛盾してねぇ？
たしかに物件探したり入居者が入るまでは手がかかります
でも一度決まってしまえば基本的には更新になる2年後までは何もしなくていいんですよ
不動産は非常に手がかからないサイドビジネスなんです
株なんかだと毎日パソコンの前に張り付いてないといけないでしょ？
あと数字なんですが
さっきの利回りよりやってみると大きくなるんです
例えば1000万円で利回り10％の物件を買うとしましょう
自己資金は300万円
残りの700万円は銀行から借りるわけです

BANK
部屋からは毎月の家賃として8万4千円あがりがあるので
金利が5%で銀行には月に4万2千円ぐらい返済
※5%の20年ローンで毎月の返済額は42,419円ほど
大家の自分には月4万円　年間で48万円の利益です
でも自己資金は300万円だけなんで
ボクにとっての利回りは16%ぐらいになるわけです
え？え？どうして？
銀行をうまく使ってるからなんです
そうかぁ……
借金することで利益率を上げてるのか……
さすが数字に強いとやることが違う
『金持ち父さん……』にも書いてあったじゃないですか
そんな事まで覚えてませんって！

でも
ちょっと
根本的な
疑問が
出てきました
本当に
そんなに
おいしい
話なら
なぜ みんな
不動産投資を
しない？
なぜ おいしい物件を
手放すおバカがいるのさ？
金に困って
手放しちゃうんですよ
め 目先の金？
いい物件なのはわかっていても泣く泣く売らざるをえない
遺産相続で仕方なくとか多いわね
わー相続かー
注意深く見ていると いい中古物件も かなり出ます
そうこうしているうちにボクは 店舗つきの 4階建て マンション アパート 10部屋
トータル 30部屋の オーナーですよ

この前
毎月の
家賃収入が
サラリーマンの
給料を
超えましたから
会社やめて
新しいチャレンジを
始めることにしました
ちょっと
ベンチャーを
やってみよう
かと
に
ににに
兄さん！
どういう
物件を
選べばいいいん
ですか？
教えてよ⁉
それは
この本を
じっくり
読んで
下さい
この取材以来
ずーっと
不動産のチラシを
見てます
大マジなビンボー兄さん
であります
さぁ ど素人のあなたも
今日からはじめよう

ど素人がはじめる不動産投資の本◎もくじ

■ **本書内容に関するお問い合わせについて**

このたびは翔泳社の書籍をお買い上げいただき、誠にありがとうございます。弊社では、読者の皆様からのお問い合わせに適切に対応させていただくため、以下のガイドラインへのご協力をお願い致しております。下記項目をお読みいただき、手順に従ってお問い合わせください。

● **ご質問される前に**

弊社Webサイトの「正誤表」や「出版物Q&A」をご確認ください。これまでに判明した正誤や追加情報、過去のお問い合わせへの回答（FAQ）、的確なお問い合わせ方法などが掲載されています。

正誤表　http://www.seshop.com/book/errata/

出版物Q&A　http://www.seshop.com/book/qa/

● **ご質問方法**

弊社Webサイトの書籍専用質問フォーム（http://www.seshop.com/book/qa/）をご利用ください（お電話や電子メールによるお問い合わせについては、原則としてお受けしておりません）。

※質問専用シートのお取り寄せについて

Webサイトにアクセスする手段をお持ちでない方は、ご氏名、ご送付先（ご住所／郵便番号／電話番号またはFAX番号／電子メールアドレス）および「質問専用シート送付希望」と明記のうえ、電子メール（qaform@shoeisha.com）、FAX、郵便（80円切手をご同封願います）のいずれかにて“編集部読者サポート係”までお申し込みください。お申し込みの手段によって、折り返し質問シートをお送りいたします。シートに必要事項を漏れなく記入し、“編集部読者サポート係”までFAXまたは郵便にてご返送ください。

● **回答について**

回答は、ご質問いただいた手段によってご返事申し上げます。ご質問の内容によっては、回答に数日ないしはそれ以上の期間を要する場合があります。

● **ご質問に際してのご注意**

本書の対象を越えるもの、記述個所を特定されないもの、また読者固有の環境に起因するご質問等にはお答えできませんので、あらかじめご了承ください。

● **郵便物送付先およびFAX番号**

送付先住所　〒160-0006　東京都新宿区舟町5

FAX番号　03-5362-3818

宛先　（株）翔泳社出版局 編集部読者サポート係

第1章 不動産投資のキホン

1000万円以下の物件で利回り10%超えを目指そう！

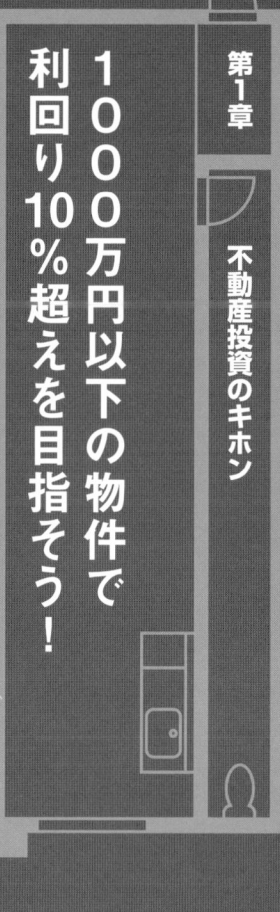

24ページ～

❶金利も上昇傾向

不動産投資は、購入のための資金を借り入れて行うのが普通。ローンの金利によって、投資の利回りはかなり変わってくる

28ページ～

❷利回り

表面利回り・実利回りなど、利回りの計算にもいろいろある。不動産投資に必須の基礎知識だ

この章のキーワード & イントロダクション

国房敬一郎（国）＋中川寛子（中）

国　これからの不動産投資では、買っていい物件と、ダメな物件が2極化すると思う。

中　どんな物件を買うかで、成功するか、失敗しちゃうかが、明確に別れるというわけね。

国　だから、どんな物件をいくらで買えばイイのか？　これを最初に絞り込んでおくことが大事。特に今は **❶金利も上昇傾向** にあるから、金利が上がっても大丈夫なように、**❷利回り** を十分に計算しないと、アブナイ。

中　チラシでよく見かける「利回りはウン％」ってやつかな？

国　そうそう。

中　6％とか、7％とか、やっぱり不動産投資はおいしいわよね～。

国　これからは、6％、7％じゃダメだよ。

中　え？　ダメなの？

国　僕の場合、最低でも9％から検討を始めるようにしてる。できれば10％以上だね。さらに地方の場合、首都圏よりも **❸空室のリスク** が高いから、

34 ページ～

❸空室のリスク

大家さんの一番の敵は「空室」。これを防ぐためには貸しやすい家賃の物件を探すことが大切だ

36 ページ～

❹いくら借りられるのか

頭金の目安は物件価格の３割。ワンルームマンションへの投資は、ほとんどのサラリーマンにとって手が出る範囲だ

40 ページ～

❺諸費用

税金や手数料保険料など、ローン以外の出費もばかにならない

15％を目標にしたいところだ。

中 なるほど。条件によって目標利回りも変わってくる訳だ。

国 そもそも、不動産会社が言っていることをそのまま信じちゃダメだよね。何でも自分で調べなきゃ。

中 確かに、広告の数字どおりに儲かるなら、みんな不動産投資を始めてるわ。

国 それに、どんな物件なら貸せるのか？　あと、自分の手持ち資金や年収から **❹いくら借りられるのか？** も知っておかないと。

中 住宅ローンでも頭金は必要だし、年収に対していくら借りられるか、返済の比率はいくらまでと決まっています。金利の低い住宅ローンですらそうなのだから、投資用なら、もっと、安全策をとらないといけないわね。

国 購入時には、物件価格以外の費用もかかるしね。

中 **❺諸費用** でしょ、アレ、忘れがちだわ。

国 忘れた、で済ましてくれるんならいいんだけどね……。

金利の上昇なんてこわくない！

100万円台の自己資金ではじめるモデルケース

まずは、普通のサラリーマンが無理なく始められるモデルケースを見てみよう（左ページ）。購入物件の価格は650万円、手持ち資金は100万円台だ。東京メトロ丸の内線最寄り駅から6分にある約19㎡のワンルームマンション。築年数は23年で、家賃は月額7万円だ。頭金は購入価格の3割にあたる195万円用意して、残りの455万円をローンで賄っている。

ここで注意していただきたいのは試算で利用した金利。現在、アパートローンの平均金利は4～5%。しかし、金利が上昇傾向にあることを踏まえ、左の例では金利を10%として計算している。そのため、ローンの毎月返済額は4万3908円となっているが、この例では表面利回り12.9%を確保している。つまり、利益は十分出ているのだ。

最も高かった10年前でも、住宅ローンの金利は8.5%。アパートローンは住宅ローンよりも金利が高めだが、それでも、10%で計算して利益が出るようなら安心できる。金利が上昇しても、ローン返済額が家賃その他の支出を上回るようなことはない、つまり、破綻する心配はないわけだ。

これから投資を始めるなら、このような安全な資金計画を立てよう。ちなみに、左の例は国房が実際に行った2件目の投資物件である。机上の空論ではないことをお伝えしておきたい。

◎金利10%でも勝ち続ける投資の例◎

●資金計画は?

ローン　455万円

借入額は500万円弱。年収が400万円以上のサラリーマンなら十分貸してもらえる

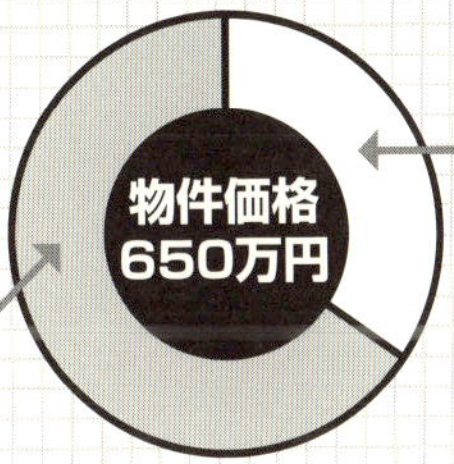

頭金　195万円

物件価格の3割。安全な投資を目指すなら3割はなんとか用意したい

●購入物件は?

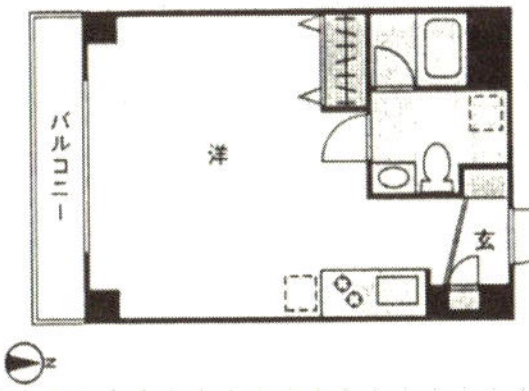

専有面積／18.97㎡
築年数／23年(1983年12月竣工)
場所／東京メトロ丸の内線の最寄り駅から徒歩6分。東京都中野区

●物件からの収入は?

家賃(月額)	7万円
年間家賃	84万円

$$\frac{\text{年間家賃　84万円}}{\text{物件価格　650万円}} = \text{表面利回り } 12.9\%$$

※年間家賃 ÷ 物件価格 ＝ 表面利回り

●毎月の収支は?

家賃収入	7万円
支出	5万7041円
収入ー支出	1万2959円

収入マイナス支出は1万2959円となっているが、これは表面的な数字。実際には購入時の費用も見込んでいく必要がある。詳細は次ページ以降で見ていこう

◎支出の内訳

ローン返済(注)	4万3908円
管理費·修繕積立金	7000円
不動産会社への管理委託費	3500円
固定資産税(月額換算)	2633円

注: 金利10%で返済期間20年

●金利上昇に負けない、その理由は?

モデル例が金利10％になってもペイするには、いくつかの理由がある。その理由を解説しよう。

①利回りが高い

投資した額に対して、いくらの収入が見込めるか。不動産投資の場合、その指標を利回りと言う。実際には後述するような複雑な計算が必要だが、分かりやすく言うと、毎月の家賃が購入価格の１％になっていれば、とりあえずはＯＫだ。モデル例の場合なら、購入価格が６５０万円だから、この１％、つまり、６万５０００円の家賃がとれるようならいいという計算になる。実際には７万円の家賃が入っているので、この物件は、利回りのいい、利益を生む物件といえる。

物件を見るときにも、この計算式を覚えておくと、とても役に立つ。例えば１２００万円の物件なら、その１％、12万円以上の家賃が見込めるなら投資する価値があるが、それが難しいようであれば、利益を生みにくいといえる。

②貸しやすい価格帯

不動産投資は、借りてくれる人がいて初めて成り立つビジネス。そう考えると、借り手が多い価格帯の物件ほど成功しやすい。モデル例の家賃は7万円だが、統計的にも、単身者の家賃は7万円を挟んで上下1万円内外というのが平均だ（詳細は35ページ）。つまり、モデル例は最も借りてもらいやすい、リスクの少ない物件といえるのだ。

ところで、①で「１２００万円の物件だと、家賃は12万円以上必要」と書いたが、貸しやすさから考えると、この価格帯は貸しやすいとは言いがたい。特に今回、本書では、手頃に購入できる中古マンションを投資の対象にしている。しかし中古マンションの場合、よほど広いか、立地がいいかでなければ、10万円以上の家賃がとれる物件は少ない。1200万円を投資して、12万円以上の家賃がとれないのであれば、投資としては失敗なのだ。つまり、サイドビジネスとしての安全な投資を考えるなら、価格の目安は1000万円以下、理想を言えば、家賃7万円~8万円で貸せる700万円~800万円以下の物件がおすすめという計算になるのである。

③頭金が少なくて済む

頭金の面からも、おすすめは700万円~800万円以下の物件。住宅ローンでは一般に頭金は2割と言われている。しかし、投資用のアパートローンではそれ以上が必要。金融機関によって多少の差はあるものの、頭金は3割見ておくのが無難だ。前述の例の場合でも、3割、195万円が必要だった。

これは、700万円なら210万円、800万円で240万円になる。物件価格が上がれば上がるほど、当然、必要な額も増える。手持ち資金があって、それを投入するとしても、高い物件を買えば買うほど、高額家賃で貸さなくてはいけなくなるから、空室リスクは増える。物件価格を上げて投資効率が上がる見込みがあるなら別だが、そうでないなら、安全を考え、物件価格を700万円~800万円に抑えたほうが賢明だろう。

④毎月の返済額に無理がない

モデル例の場合、毎月の返済額は4万円台。これなら、もし空室になって、家賃収入が入らなかったとしても1カ月、2カ月ならなんとか、払っていける。すぐに払えなくなるような資金計画は避けたほうがいい。

「利回り」計算のウソ、ホント

「表面利回り」「想定利回り」「実利回り」の違い

さて、不動産投資で最初に覚えておかなくてはいけない言葉が「利回り」だ。新聞の折込チラシなどに「利回り◎％」とある。投資に関心のある人なら目にしたことがある単語だろう。なかには、利回り7％。8％と景気のいい数字が書かれているチラシもあり、株式などの金融商品に比べても儲かりそうに見える。

実はこの、チラシに書かれている「利回り」の大半は「表面利回り」あるいは「想定利回り」と言われるもの。左に計算式を挙げたが、「表面利回り」は年間で入る賃料で物件価格を割るという単純な内容。例えば、毎月の賃料が5万円なら、年間の賃料は60万円。物件価格を500万円とすると、計算は60万円÷500万円となり、利回りは12％ということになる。これなら、前述した、理想の利回り10％の目標をらくらくクリアしており、安全な物件のように思える。

しかし、賢明な読者の方はここで、あれ？と思うだろう。年間賃料÷物件価格だとすると、ローンを借りて投資した場合の金利はどうなるのだろうか？　毎月払う管理費や修繕積立金、それに税金も必要なのに……。

そう、表面利回りだけ見ていても、実際の利益がいくらになるのかは全く見えてこないのだ。

◎表面利回りの計算方法◎

●もっともシンプルな利回りの計算法

表面利回り ＝ **年間賃料**（毎月の賃料×12） ÷ **物件価格**

想定利回りとは？

不動産会社のチラシでよくみかける「想定利回り」は、表面利回り、あるいは現在空室の部屋が埋まった場合の利回りを指す。この部屋なら月7万円取れるだろうという憶測を元にした利回りが多く、見た目には高利回りだが、実際には……ということも。現在空室になっている場合には、不動産会社の言葉をうのみにせず、かならず自分で賃料相場を調べてみよう

●不動産会社が提示する「想定利回り」は要注意

もうひとつ分かりにくいのが、表面利回りと混同されやすい「想定利回り」なるもの。

これは、たいていの場合、不動産会社の物件チラシにのみ登場する数字で、表面利回りと同じか、あるいは今空室で、それが埋まったとしたら、これくらいの家賃がとれるはずという想定に基づいて計算されたもの。

想定といえば、言葉は美しいが、実際のところは実際の相場よりも高め、利回りが高く見えるような額に設定されていることも多い。ここで利回りを高く見せようとしている場合には注意が必要だ。相場とあまりにかけ離れた家賃を想定しているようなら、その不動産会社は信用しないほうが無難だ。自分で相場を調べ、実際の利回りがいくらになるのかを計算してみる必要がある。

◎実利回りの計算方法◎

●管理費、税金などの分だけ収入が減る

実利回り ＝［ 年間賃料 － ｛ 修繕積立金・管理費（年額） ＋ 不動産管理費（賃料の5%） ＋ 固定資産税（賃料の約4%） ｝］÷ 物件価格

●必要な経費を入れて計算するのが実利回り

実際の利益を算出するために使うのが「実利回り」だ。計算方法は上の通り、年間の賃料から、年間に払わなくてはいけない支出のすべてを引いて、それで物件価格を割るというもの。

年間に払わなくてはいけない費用としては、修繕積立金と管理費、不動産会社に管理を委託した場合に必要な管理費、固定資産税があり、いずれも年額を出して計算する。修繕積立金、管理費は単純に12倍、管理費は年間で額が決まっているはずで、目安としては賃料の５％。また、固定資産税は賃料の約４％と考えればいいだろう。

この計算法で前述の家賃５万円、物件価格５００万円の利回りを試算してみよう。修繕積立金・管理費が月に１万円で年額12万円、不動産管理費が月額３０００円で年額３万６０００円、固定資産税が２万４０００円で、年間の支出は18万円になる。

これを年間賃料から引いて、利回りを計算してみると、8.4％。表面利回りより、3.6％も低くなってしまう。

さらに、この計算でもまだ、安全というわけではない。なぜなら、空室になったときのリスクや、諸費用などが含まれていないからだ。

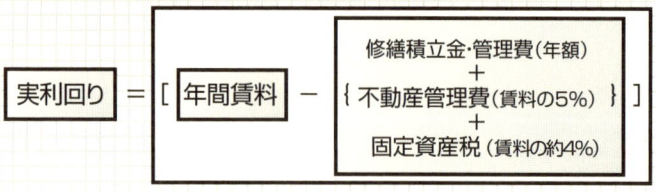

◎厳密な実利回りの計算方法◎

●空室リスクや購入時の経費をもりこむ

実利回り ＝ [年間賃料 × 0.9 － { 修繕積立金・管理費（年額） ＋ 不動産管理費（賃料の5％） ＋ 固定資産税（賃料の約4％） }] ÷ 物件価格 × 1.1

本来は、将来の不動産売却金額なども考慮すべきだが、賃料収入をベースに投資を考えるなら、この計算法で問題ない

●リスクも算入する利回り計算

先に紹介した実利回りよりも、さらに厳密に利益を算出する、厳密な実利回りの式は上の通り。これは、修繕積立金や税金などの年間の支出に加え、空室になったときの収入減のリスク、購入時にかかった諸費用なども含めて計算している。

順を追って解説しよう。まずは空室リスク。これは10％と見積もる。1年12カ月のうち、1カ月強の空室が出ると想定している。その分の家賃収入がなくても赤字にならないように、という意味だ。

それから不動産購入価格を1割増しとする。これは、購入時に売買手数料や登記料などの費用が必要（詳細は40ページ）だから。その分、購入価格をアップさせておくのだ。

この方法で、再度、前述の物件の利回りを計算しよう。年間賃料は60万円から54万円に減る。さらに物件価格は550万円に増える。年間の支出自体は変わらないが、利回りは6.55％になる。なんと、表面利回りからすると、半分近くにまで落ち込んでしまう。しかし、ここまでやらないと、本当に利益を生んでくれるかどうかは分からないのだ。

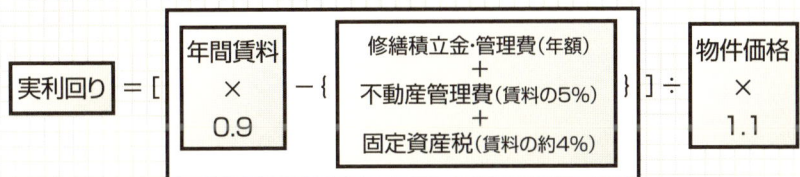

●自分で計算して、確実な利回りで購入を検討しよう

表面利回り、実利回り、そして厳密な実利回りと、どんどん数字が落ちてくる仕組みがお分かりいただけただろうか。不動産の購入にあたっては、将来、売却したときにそれがいくらで売れるか、本来はそこまで考えることも必要なのだが、ここではそれは考えに入れていない。売却せずに貸し続けることで生み出す賃料収入を基本に考えるなら、転売益あるいは売却損までの試算は当面関係ないからである。

ちなみに国房の場合、チラシを見たら、まず実利回りを計算することにしている。そして、投資を検討するかどうかの目安は、９％。これ以下の場合は採算割れの可能性を考え、手を出さないのが基本スタイルだ。アブナイ物件に投資してハラハラするより、安全な物件を探す手間を惜しまないほうが、長い目では安定的な経営ができるからだ。

しかし、利回りがこんなにも落ちていく計算方で、果たして９％以上の実利回りを生む物件がありえるのかと、不安に思う人もいるだろう。

そこで、ここでは、24ページの例の表面利回り、実利回り、厳密な実利回りを出してみよう。

表面利回りは、前に算出したとおり１２.９％。極めて高い数字だ。次に、年間賃料から管理費や修繕積立金、不動産会社への物件管理委託費、固定資産税などを引く。そこで得られた厳密な年間収益で物件価格を割った実利回りを出すと、１０.５％。さらに、そこから空室リスクを見込み、購入時の諸費用を足して厳密な実利回りを出す。さすがにここでは10％を割り込むが、これなら金利が８.５％になっても大丈夫。優良な投資だといえるだろう。

◎いろいろな利回り計算の具体例◎

●表面利回り

年間収益　84万円 ÷ 物件価格 650万円 ＝ 12.9%

●実利回り

年間収益　68万2400円 ÷ 物件価格 650万円 ＝ 10.5%

年額管理費・修繕積立金	管理委託費	固定資産税
8万4000円	4万2000円	3万1600円

●厳密な実利回り

年間収益 59万8400円 ÷ 物件価格＋諸経費 705万9786円 ＝ 8.5%

10%の空室リスクを見込んだ年間賃料から、
実利回りと同様に、管理費などを差し引いて収益を計算

物件価格の650万円に諸費用55万9786円をプラス。厳密な物件価格は705万9786円となった

◎諸費用（55万9786円）の明細

不動産会社への売買仲介手数料	26万4329円
印紙代	1万円
不動産登記税	4万5500円
不動産登記手数料	7万3500円
固定資産税（日割り分）	2万4457円
不動産取得税	8万2000円
ローン事務手数料	3万円
火災保険料	3万円

貸しやすい家賃は7万円～8万円

空室リスクを避ける物件選びのコツ

不動産投資で一番怖いのは、所有している部屋が空室になってしまうこと。とくに、1室だけの投資の場合、家賃収入はいきなりゼロになってしまう。ローンの返済に支障が出る可能性もある、恐ろしい事態だ。そんな事態を防ぐためには、何よりもまず、貸しやすい部屋、借りたい人の多い賃料帯の部屋を買う必要がある。

では、どんな部屋がいいのか？　これを考えるにあたってはまず、一人暮らしをしている知り合いの意見を聞くことから始めよう。いくらでどんな条件の部屋に住んでいるのか、具体的に聞いてみるのだ。もし、お邪魔させていただけるようなら、遊びに行って、どんな部屋かを自分の目で見させてもらおう。その上で、不満な点や、探しているときに注意した点などを聞けば、立派な市場調査になる。この結果を踏まえて物件を選べば、ニーズと大きくかけ離れた物件を選んでしまう失敗は避けられるはずだ。

●単身者の払う賃料は8万円以下

さて、では、その賃料である。おそらく、20代から30代前半の単身者なら、賃料は7万円から

８万円くらいが多いはず。『住宅情報賃貸版フォレント』（リクルート刊）の資料で見ても、全体の６割近くの人が７万円以下となっている。８万円までで借りている人で考えると、７６．６％、４人に３人は８万円までで借りているという計算だ。

これ以上になると、割合はガクンと減る。例えば、10万円を超す賃料を払っている人となると、わずか５．２％になってしまう。10万円の賃料を取らないと採算が合わないような物件、単純に考えると、物件価格が１０００万円を越えるような物件を避けたほうがいいというのは、こういうわけなのだ。

ちなみに、不動産会社が入居希望者を審査するときには、収入からして、賃料がきちんと払っていけるかどうかが大きなポイントとなる。そこで目安となるのは賃料が収入に占める割合で、家賃の収入の３分の１以下に収まるようでなければ、たいていの不動産会社は審査を通さない。例えば、７万円の家賃の部屋であれば、これの３倍、21万円以上の収入がなければ、ＯＫが出ないのだ。

単身者の収入から考えてみよう。平成18年2月に公表された総務省統計局の家計調査によると、働いている単身男性世帯（34歳以下、平均年齢２７．３歳）の勤め先からの定期収入は26万円強。女性（平均年齢２６．９歳）は21万円５０００円強。この３分の１を家賃に充てると考えると、やはり、７万円から、高くて８万円ちょっとくらい。やはり、狙うべきは家賃７～８万円なのだ。

◎貸しやすい賃料設定◎

●家賃＋管理費はいくら？

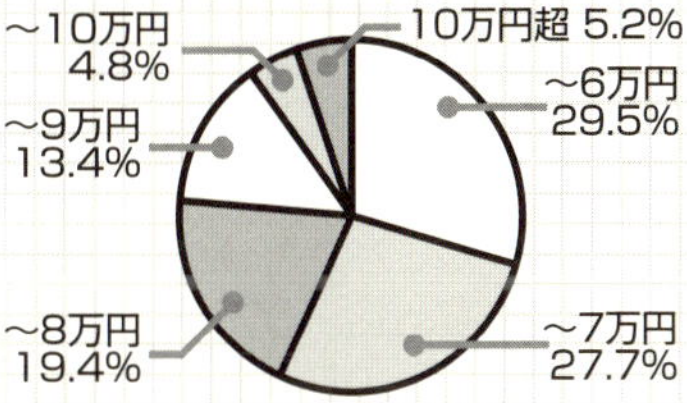

平均は7万885円

「2005年賃貸契約者に見る部屋探しの実態調査」（フォレント調べ）による

あなたにはいくらの物件が買える？

まずは手持ち資金＝頭金から考えてみよう

住宅ローンの場合、頭金として必要な額は物件価格の２割といわれる。しかし、不動産投資の場合には、それよりも多く、３割の頭金が必要になる。金融機関や、付き合いの状況などによって２割で済む場合もないわけではないが、一般的には３割だ。間違っても住宅のように、頭金ゼロでも購入可などということはない。これは、金融機関から見たリスクに比例している。ご存知のように住宅ローンは金融機関にとって、とりっぱぐれの少ない、安心な商品である。よほどのことがない限り、自宅のローンは払い続ける人が多いからだ。

それに比べると、投資の場合は、いざとなったら手放してしまうケースも考えられるし、また、本来、投資は余剰資金を充てるものであるため、それなりの頭金が必要になるというわけだ。

そこで、自分にいくらの物件が買えるかを考える場合、投資できる手持ち資金から考えることになる。例えば手持ち資金が１５０万円だったとしよう。これが物件価格の３割だとすると、物件価格は、１５０万円を３で割って10倍した額、つまり、５００万円になる。

●借りられる額を年収から計算してみる手も

もうひとつ考えられるのが、年収から借りられる額を計算する方法だ。ビジネスマンの場合、一般的には、年収の5倍から6倍までの額を貸してもらえるといわれている。もちろん、金融機関との付き合いや勤務先、年収などで多少の差はあるものの、少なくとも5倍までは何とかなると思って間違いないだろう。つまり、年収が500万円あるなら、その5倍、2500万円まで貸してもらえる計算だ。

これを頭金との兼ね合いで考えてみる。前ページで150万円の手持ち資金がある人なら、500万円の物件が買えると計算した。この場合、ローンで借りなくてはいけない額は500万円マイナス150万円で350万円。年収500万円なら、まったく問題なく借りられる額である。

ひとつ、注意しておきたい点は、現在の年収である。いくら投資意欲があっても、年収300万円以下なら不動産投資は勧められない。よほどの頭金が用意でき、借入れをしなくて済むなら別だが、ぎりぎりでの出資は、余剰資金で長期的に回収を目指す、不動産投資には向かないからだ。

◎物件価格、頭金、ローンの割合◎

●物件価格の内訳は？

頭金 3	ローン借入 7

物件価格から頭金を引いた額がローン借入額。この場合は700万円がローンになる。年収が100万、200万円というのでなければ、借りられない額ではない

物件価格を1000万円とすると、そのうちの3割、300万円を頭金として用意しなくてはいけない。手持ち資金から計算すると、手持ち資金÷3×10が買える価格となる

●返す額、ラクに返せる額を借りる

金利上昇傾向にあるとはいえ、住宅ローンはまだまだ低金利が続いている。しかし、アパートローンはそれよりも金利が高い場合が多い。また、返済期間も、中古物件を対象に考えると、15年、20年程度で組まなくてはいけない場合が多い。

つまり、アパートローンは住宅ローンよりも負担が大きくなる可能性が高いのだ。

100万円借りたらいくら返さなくてはいけないかを金利ごと、返済期間ごとに試算してみたのが右下の表。金利が3%、5%、8%、10%の場合の100万円あたりの返済額、金利が同じ3%だとして返済期間が10年、15年、20年の場合の同じく100万円あたりの返済額を出してある。

実家住まいで家賃支払いがない人ならいざ知らず、それ以外の人なら空室が続き、ローンだけの支払いが月に数万円以上になるのは、辛いはず。空室になった場合でも、2カ月程度は無理なくローンを払っていける返済額で、資金計画を考えよう。

◎100万円借りた場合の返済額◎

●金利ごと(20年ローン)

金利	毎月返済額
3%	5545円
5%	6599円
8%	8364円
10%	9650円

●返済期間ごと(金利3%)

返済期間	毎月返済額
10年	9657円
15年	6905円
20年	5545円

◎借入額と年収の比率◎

●年収とローン負担のバランスに注意

年収	総返済負担率
300万円未満	25%以下
300万円以上400万円未満	30%以下
400万円以上700万円未満	35%以下
700万円以上	40%以下

いくらまで貸せるかの目安として住宅ローンが設けている指標が「総返済負担率」だ。これは、住宅ローン以外の借入れも含めた返済率が年収の何%に当たるかというもの。投資なら、当然、これ以下の負担になるようにしたい。表は公庫融資、フラット35融資の場合。金融機関によって異なる場合も

●毎月返済額、総返済額を自分で計算してみよう

なじみがない人には難しそうに思われるが、ローンの毎月返済額、総返済額の計算は意外に簡単にできるもの。素人でもすぐできるのは左の3種類の方法。いくら借りたら、いくら返すか、全体としていくら返すか（総返済額）などはいつも意識して、すぐ計算するようにしておきたい。

◎ローン計算のいろいろ◎

●ローン電卓で計算

電気屋さんで売られているローン電卓は便利。通常3000円～4000円くらい。借入額、金利、返済期間を入れれば、返済額が計算できる。持ち歩けるので、不動産会社を訪問する時には必携

●エクセルで計算

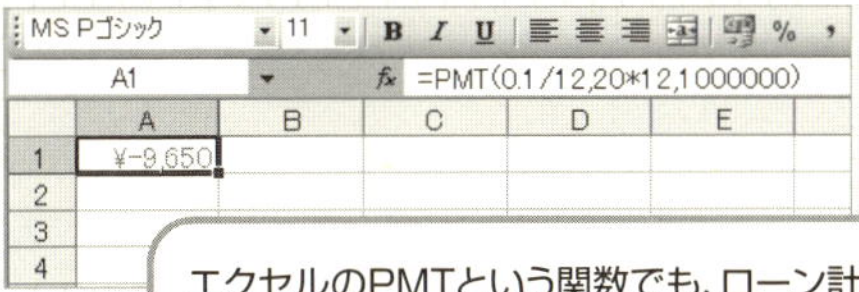

エクセルのPMTという関数でも、ローン計算ができる。セルに「=PMT(金利/12,借り入れ年数*12,借り入れ額)」を入れると毎月の返済額が分かる。例は金利10%、20年間、100万円借り入れた場合。結果は-9,650、つまり毎月の返済額は9650円だ

●金融機関のシミュレーションを活用

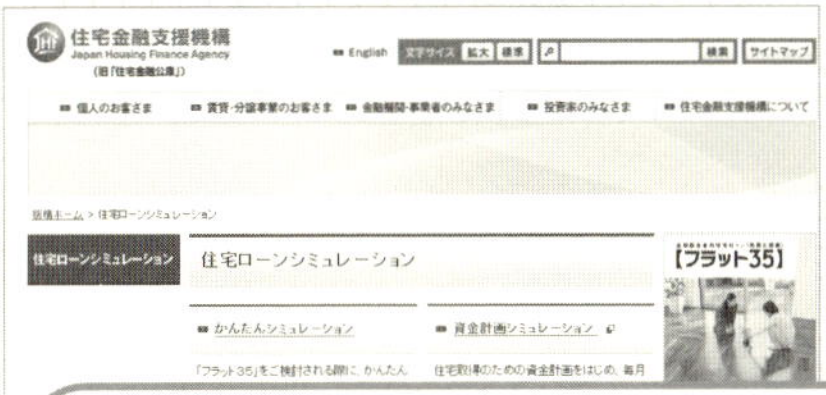

パソコン利用なら、住宅金融支援機構などの金融機関のホームページ中にあるローンシュミレーションを使う手も。借入額、金利、返済期間を入れると毎月返済額、総返済額などを自動で計算してくれる。条件を変えての計算もラクラク

http://www.jhf.go.jp/simulation_loan/index.html

税金、手数料に保険料……。ローン以外の支払いにも注意

「諸費用」の額と支払い時期をおぼえておこう

住宅を購入するときには物件価格以外にもお金がかかる。いわゆる諸費用と呼ばれるものだ。中古物件の場合には物件価格の数%以上が目安になる。1000万円の物件なら50万円以上はかかる計算だ。

なぜ、「数%以上」とアバウトな目安なのか、疑問に思う人もいるだろう。これは、物件の構造や立地で火災保険料が変わったり、借入れする金融機関によってローン保証料の有無があるなど、物件ごと、金融機関ごとなどに違いがあるためだ。極端にいえば、同じ物件を買うとしても、ローンの返済期間が違うだけで、火災保険料が違ってくるのだ。これに対処するには、物件価格の1割程度は諸費用として覚悟しておき、実際の物件が出てきたら、早めにいくらかかるのかを試算してみること。多めにみておいて間違いはない。

●購入時にかかるお金

次のページの表は購入時にかかる諸費用を支払い時期別にまとめたもの。印紙税のように税金には見えないけれど、実際には税金という費目もあるし、税金といっても必ず税務署に払うわけでもなく、はじめはわかりにくいが、誰に何の目的で払うのか覚えておこう。

◎購入時にかかる諸費用◎

●売買契約締結時

費目	誰に払う	金額の目安
印紙税	売買契約書に印紙を添付。不動産会社に支払うように思うが、実際には国に払っている	契約書に記載される金額で異なる。500万円超1000万円以下で1万円
仲介手数料	不動産会社に支払う	(売買価格×3%＋6万円)×1.05が簡易計算式。契約時に半金、決済時に半金払う

※このとき、売買代金の10%を手付金として支払う（頭金に充当）

●ローン契約締結時

費目	誰に払う	金額の目安
印紙税	金銭消費貸借契約書（ローンの契約書）に添付、国に払う	契約書に記載される金額で異なる。500万円超1000万円以下で1万円

●決済・引渡し時

①税金関係

費目	誰に払う	金額の目安
登録免許税	登記を行ってくれる司法書士に渡すが、国に払う税金	建物は固定資産税評価額の2.0%、土地は同じく1.0%（土地に関しては2008年3月31日までの特例措置）。抵当権設定登記は借入額の0.4%
固定資産税・都市計画税	毎年1月1日時点の所有者に課税されるので、すでに売主が納付済み。そこで引渡し日を起点に日割り計算、買主が売主に払ってもらっている分を精算	税額、購入時期によって異なる

②不動産会社、司法書士への手数料

費目	誰に払う	金額の目安
仲介手数料	売買契約時に半金を払っている場合にはここで残りの半金を不動産会社に払う	計算式は売買契約時同様
司法書士報酬	登記手続きを依頼した司法書士への報酬	自由化により、額はその人次第。建物・土地の移転登記、抵当権の設定登記を行ってもらい、7～10万円前後が目安

③ローン関係

費目	誰に払う	金額の目安
ローン事務手数料	金融機関に支払う	3～5万円、あるいは融資金額の0.5～1%など金融機関によって異なる
ローン保証料	金融機関を通じて保証会社に支払う	最近では保証料のかからないローンも出ている
団体信用生命保険料	借入れた人に不測の事態があったときのローン支払いに宛てられる	強制的に加入させられることが多いが、保険料は金利に上乗せ、あるいは金融機関負担も
火災保険料	金融機関提携の火災保険会社に金融機関経由で支払うことが多い	物件価格の0.5～1.5%程度が目安。ただし、返済期間（＝火災保険期間）、立地、保険会社などで異なる

※このとき、頭金の残金を支払う。また、融資された金額を不動産会社に支払う

●購入後に一回だけ払う

諸費用を払い、ようやく物件が自分のものになっても、まだ支払いがある。それが、取得後しばらく経つと納税通知書が送られてくる不動産取得税。これは都道府県に支払う地方税で、固定資産税課税台帳に記載されている額の3%が必要額。築年数が20年以内で専有面積が50㎡以上などでは軽減措置があるが、ワンルーム投資では、専有面積で引っかかり、軽減されないことが多い。

●購入後に毎月、毎年払う

その後も毎月、毎年支払いが必要なものがある。大きく分けると、①税金、②管理組合への支払い、③管理を委託する不動産会社へ支払うものの3種類。順に説明しよう。

①税金

固定資産税と都市計画税の2種類で、いずれも市町村が徴収する地方税だが、東京23区では都税。年に4回あるいはまとめて一括で納付することになる。納付時期は自治体によって異なる。

◎不動産の取得と所有にかかる税金◎

●どんな税金をいつ支払うか？

名目	どんな税金？	いつ払う？
印紙税	契約書に印紙を添付することで、公的な書類であることを立証してもらう。契約書に記載される額によって税額が異なる。国税	売買契約時、ローン契約時でそれぞれ支払う
登録免許税	登記をするたびにかかる税金。マンション投資であれば、マンションの建物、土地それぞれの登記、ローンを借りる場合の抵当権登記が必要。物件、ローン借入額などで異なる	決済時にまとめて支払う
不動産取得税	不動産を取得したことを証してもらうための税金。地方税	購入後一度だけ支払う
固定資産税・都市計画税	土地、建物を持っていることに対してかかる税金。立地や建物の規模、築年数によって税額は異なる。地方税	購入後毎年支払いが必要

それぞれの税率は固定資産税で固定資産税評価額の1.4％、都市計画税で0.3％となっているが、特に都市計画税は自治体によって異なるので確認が必要。例えば、東京23区内では0.3％だが、都下では0.2％という自治体も。固定資産税は1.4％が多く、ばらつきは少ない。

気になるのは、実際にいくら払うことになるかだが、率直に言って、これは一言では言いようがない。マンションの場所や築年数、広さなどによってすべて違う。これについては試算云々を考えるより、前所有者あるいは不動産会社に質問するのが最も正確。固定資産税の評価は3年に1度行われるので、前回の税額がそのままでないこともありうるが、それでも、かなり近い数字を知ることができるはずだ。

②管理組合への支払い

毎月支払わなくてはいけないのが管理費、修繕積立金。建物の規模や築年数などによって異なるので、こちらも額は物件次第。合計で数千円から1万円、2万円まで幅があるので、物件検討時にあらかじめ利回り計算に入れておく必要がある。また、建物は10年前後で大規模な修繕が必要だが、物件によってはそのための一時金が徴収されることもある。

③管理を委託する不動産会社への支払い

管理を委託する場合には家賃に対して一定の割合で管理委託費を支払う必要がある。不動産会社によって異なるが、5％前後が多いようだ。もちろん、自分で管理するというのであれば不要。

不定期に必要になる費目としては、入居者が退去した場合の室内の清掃、リフォーム代、設備の交換代など。以前はこうした費用は入居者に負担してもらえたが、最近では大家さんの負担になることが多いので、覚悟しておこう。

コラム

自分で住むために買って それを貸すって手はアリ？

借りやすさでいえば、投資用のアパートローンより住宅ローンが◎。
じゃあ、とりあえず、自分が住むということで買っちゃおうか。
これを実践したのが、世田谷区のWさん。
池尻大橋駅近くのワンルームマンションを購入。
とりあえず、3年ほどは自分で住んだ。
購入時には会社勤務のデザイナーだったWさんだが、
その後、独立、作業スペースが必要になり、
新しく事務所兼自宅を借り、購入した物件は貸すことに。
好立地が幸いして家賃はローン返済額の倍。
ラッキーと思ったWさんだが、本当はコレはいけない。
自分で住むための住宅購入に充てるため、
住宅ローンは低利に設定されている。
だから、それを投資に回すとは！というわけ。
「きちんと返済しているから、何も言われてないよ」と
Wさんは言うのだが……。

第2章

賃貸市場をチェック

「自分が住みたい」物件選びで空室リスクをやっつけろ！

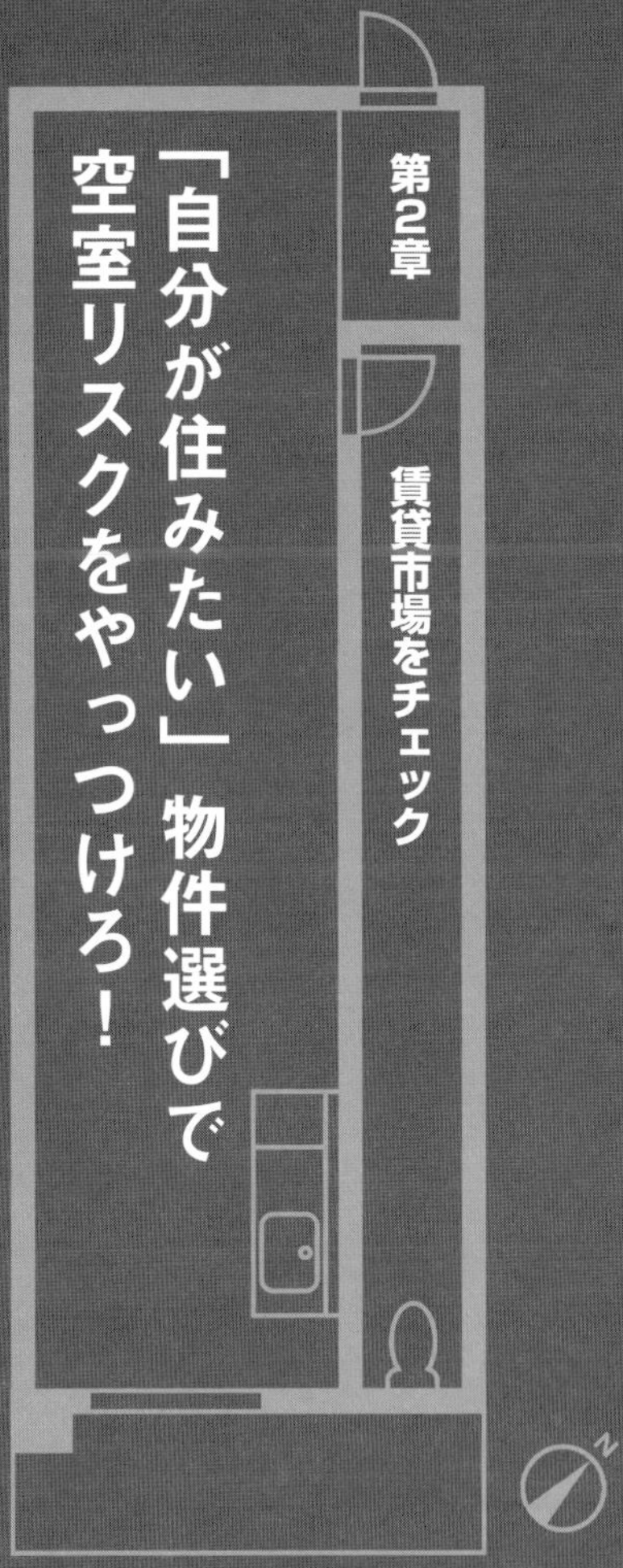

この章のキーワード＆イントロダクション

国房敬一郎（国）＋中川寛子（中）

48ページ〜

❶市場

地域によるニーズの違いや中古物件の相場感など、不動産の市場に親しむことが成功には不可欠。家賃相場と中古相場の情報収集術も知っておこう

54ページ〜

❷借りる人

借り手が重視する３大条件をご存知だろうか？大家さんにとっての顧客である「借り手」のニーズには常に敏感になろう

中　不動産投資は、自分の部屋を借りてもらってナンボの世界。だから、借りてもらえる部屋を買わなくちゃ、成功はありえません。

国　どんな部屋を買うべきかの基本は、自分が住んでもいいと思える部屋じゃないかと思う。自分が住みたくない部屋に他人が住みたいワケないよね。

中　だから、私は新築の投資用ワンルームってのを信用してないのよ。

国　でも、あれって最近、売れているよ。

中　知らないからよ。

国　知らないって、何を？

中　**❶市場**よ。つまり、**❷借りる人**がどんな部屋を借りたいと思っているのかってこと。だってね、今、新築の投資用ワンルームの平均専有面積は22㎡くらい。これ、10年前には18㎡程度でした。

国　広くなっているんだ！

中　そう、だから、10年前、バブル時に不動産投資がもてはやされた頃に売られていた物件は今、狭いって敬遠されています。

64 ページ～

❹特別な条件

分譲と賃貸では、探している人の気分に大きな違いがある。そのツボを知れば、貸しにくい物件をお宝物件に変えることもできる

60 ページ～

❸超都心

占有面積の平均は約 27㎡。これよりせまい部屋は貸しにくいが、超都心の物件では、例外がある

国 その反省で、今は広い物件が売られているんだ。

中 しかも、最近の新築ワンルームの平均専有面積はもっと広い。26㎡くらいかしら。

国 ということは、今売られている投資用物件はすでに狭い……。

中 不動産投資は物件を買ってから10年、20年と続くわけでしょ、買った時点で狭くてどうするってのよ！ もちろん、**❸超都心**にあるとか、駅から1分とか、**❹特別な条件**があれば別だけど。

国 確かに。長い目で競争力のある物件を買っておかないと、途中で空室になったら、困るよ～。

中 空室になるのも困るし、もうひとつ、古くなったからと家賃を下げなくちゃいけなくなるのも大変。

国 ローンが払えなくなる！

中 そんなことにならないように、どんな物件なら貸せるか、市場からお勉強しましょ。

市場を知らなければ、投資は成功しない

地域によって異なるニーズと中古物件の相場感を身につけよう

ここ数年特に人気の高い、デザイナーズマンションの立地について考えてみよう。最近は比較的広範囲に供給されるようにはなっているが、それでも、中心は首都圏の西側エリア。具体的には東急線沿線や中央線、小田急線などの人気沿線が多い。こうした人気のある地域・沿線は住みたい人が多い場所であり、広い地域の、多くの人が関心を寄せる。となると、多少賃料が高めでも、ちょっと変わった物件でも、それを借りたいという人が必ずいる。

しかし、これがあまり人気のない、首都圏に長く住んでいる人や地元の人しか知らない場所に立地していたとしたらどうだろう？　そうした地域ではそもそもの家賃相場が安い。しかし、デザイナーズマンションは、一般の建設会社に頼んで建てる建物より高くつくのが一般的。となると、その地域ではかなり高めの物件ということになる。それだけでもハンディな上に、その地域で借りたい人が少ない。わざわざ、この地域に住もうという人がいない。そうなると、いくら人気のデザイナーズといっても、それだけではなかなか、借り手が見つけにくくなる。

つまり、どんなにいい物件でも立地によって、借りてもらいやすさには差が出るのだ。

市場を知るためには、まず、こうした地域による相場、ニーズの違いを把握しておく必要がある。

ここではいくらの、どんな物件が貸しやすいか？　……これは一般的には、相場感といわれるもので、相場感のある人なら場所と家賃からそれが妥当かどうかがすぐ分かる。

もうひとつ。投資には、中古物件の価格についての相場感も大事だ。物件の情報を見続けていれば、立地と広さ、駅からの距離などの条件から、いくらなら妥当かが分かるようになってくるが、この2つの感覚を身につけていれば、物件を紹介されたとき、買っても損しないかどうかを「買う」「貸す」の2つの面から考えられる。

また、どんな物件が借りてもらいやすいかを知る必要もある。面倒なことに、借りてもらいやすさは、立地と物件の2つの条件だけで決まるわけではない。周囲に30㎡超の広めのワンルームが多い場所では、よほど安いか、駅に近くなければ、20㎡弱のワンルームは借りてもらいにくい。しかし、駅から遠くても、バイク置き場がある物件なら意外に借りてもらえたりする。立地、広さ、物件の条件、賃料に加え、築年数や、その地域の特徴などの様々な要素が、借りてもらいやすさを左右するのだ。

そこで、この章では、相場感の身につけ方を説明した後、借りてもらいやすい物件の条件をまとめてゆく。広さ、駅からの距離や設備などが主な要素で、最近、気にする人が多い階数や耐震強度などについても触れている。ここにある条件をすべてとは言わないまでも、いくつか満たしていれば、比較的借りてもらいやすい物件と言えるはずだ。

ただし、前述したように、狭くても駅に近ければOK、古くても広ければOKなど、いい条件がそろっていなくても借りてもらいやすいケースもある。全部が満たされてなければダメと考えると、物件が限定されてしまうので、そのあたりは柔軟な姿勢で臨むようにしたいものだ。

●家賃相場を調べる

まず身につけたいのが家賃に関する相場感だ。どこで、どんな広さの物件ならいくらで貸せるかという感覚である。これを身につけるためには、賃貸住宅情報誌を見る、そうした媒体がやっているインターネットのサイトを見る、不動産会社店頭を見るなど、実際の物件情報にできるだけ多く、しかも日常的に触れることが一番の早道。自分の住んでいる地域や友達の住んでいる沿線など親近感のあるところからで構わないので、意識し続けることが大事だ。

さて、首都圏の家賃相場はざっくり「西高東低」と言われる。これは首都圏の西側、新宿や渋谷をターミナルとする沿線の地価、賃料が高く、逆に池袋や上野をターミナルとする沿線が安めという意味。西側の沿線としては中央線、小田急線や京王線、京王井の頭線、東急東横線、東急田園都市線などが挙げられるが、これらはいずれもいわゆる人気沿線だ。住みたい人も多いが、賃料も高いという地域である。これに対して、東側はニーズ、家賃ともに低め。当然、物件価格も安めで、比較的買いやすい物件が増えてくる。

確実に貸すためには、人気の高い西側、あるいは都心部のほうがいいが、その分物件価格は高くなる。ただ、人気駅の周辺なら、多少古かったり、駅から遠かったりしても借り手は見つけやすいので、物件の条件でコストダウンを図る手がある。逆に東側の場合なら、その沿線内でも急行停車駅や大規模商業施設があるなど、人気のある駅で、しかも駅近くを探すなど、地域内ではもちろん、範囲を広げて考えた場合でもできるだけ魅力ある、競争力の高い物件を探すのが基本だ。

◎家賃相場の調べ方と注意点◎

●リクルートの賃貸住宅情報サイト「フォレント」

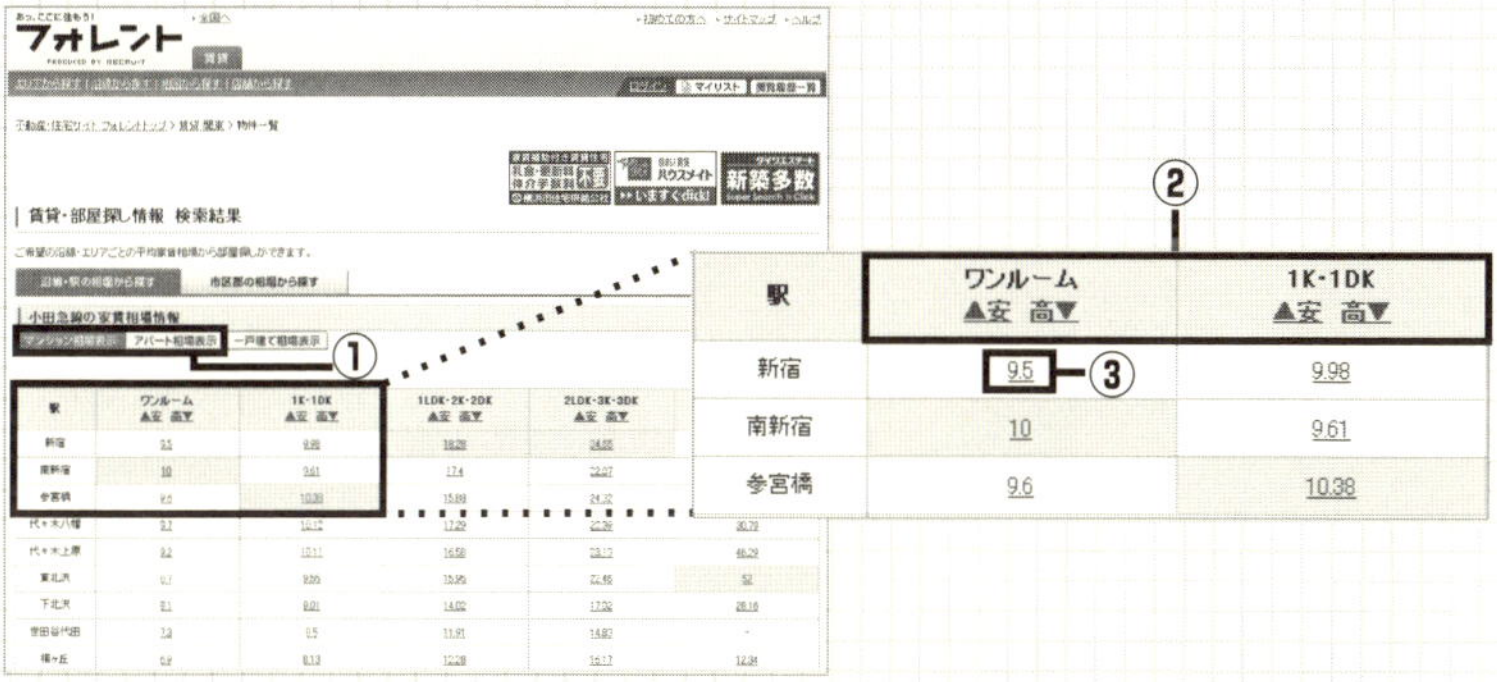

フォレントのトップページ(http://www.forrent.jp/)から、地域(ここでは「関東」)を選択し、「沿線別家賃相場」→「東京都」→「小田急線」をクリックした画面

① マンション・アパート

「マンション」は鉄筋コンクリート造など耐火構造、「アパート」は軽量鉄骨造や木造など準耐火構造の建物をそれぞれ指す。賃料はマンションのほうが高め。賃料差は地域で異なるが、都心近くや人気駅周辺では差が大きい

② ワンルーム・1K・1DK

ワンルーム投資ではここの相場を見る。ただし、フォレントの場合、ワンルーム・1K・1DKと単身者向きの間取りを平均してあるので、賃料はやや高め。実際の相場はもう少し安いものになる。ちなみに「ワンルーム」はいわゆるスタジオタイプで、居室とキッチンが仕切られていない。1Kになると、扉で隔てられており、キッチン(多くの場合3畳程度)が独立している。1Kよりさらに広いのが1DKだ(DKはダイニングキッチンの意味)

③ 供給数

各駅の相場金額をクリックするとその駅の供給件数が分かる。ワンルームが多い地域は競争も激しいが、探している人も多いので比較的借りてもらいやすい。あまり供給されていない駅や他の間取りの供給が中心になっている駅は避けたほうが無難だ

●中古相場を調べる

次に、中古物件の相場を見よう。分譲物件の相場は賃料とは異なり、坪単価、つまり3.3㎡あたりいくらか、で表示されることが多い。これは、分譲物件では同じ間取りでも専有面積に幅があるため。単純にワンルームと言っても、20㎡と50㎡の物件の価格を比べても意味がないので、面積あたりいくらかという数字を出して比較できるようにしているのだ。これは中古でも新築でも同じなので、覚えておくと、居住用の住宅を購入する時にも役に立つはずだ。

さて、不動産会社で物件を見せてもらったとしよう。その坪単価を出すためには、まず、物件の坪数を出す必要がある。そのためには専有面積を3.3で割る。専有面積20㎡のワンルームだとしたら、20÷3.3となり、答えは6坪少々だ。次に、坪あたりの価格がいくらかを計算する。価格が700万円だとすると、それを坪数、つまり6で割れば坪単価になる。この場合は700万円÷6で116万円強。これがこの物件の坪単価だ。この数字が、同じ沿線の同じ駅の中古物件の坪単価と大差なければ、相場とかけ離れていない、妥当な額の物件といえる。比較の指標となる中古相場については、左ページで解説しているので、じっくりチェックしていただきたい。

ちなみに、1坪、3.3㎡とは簡単に言えば、畳2枚分の広さ。押入れの襖2枚分と言ってもいい。実は、畳のサイズは地域によって、建物によっていくぶん差があるのだが、1坪を3.3㎡とすると、1820ミリ×910ミリの中京間がベースという計算になる。1間、半間などという収納部の表記も、これに従っており、1間は間口が畳2枚分、奥行きが畳の短辺分となる。当然、半間はその半分で、間口が畳1枚分。ただし、奥行きは1間の場合と同じで畳の短辺分となる。

◎中古物件相場の調べ方と注意点◎

●不動産専門のデータバンク「東京カンテイ」

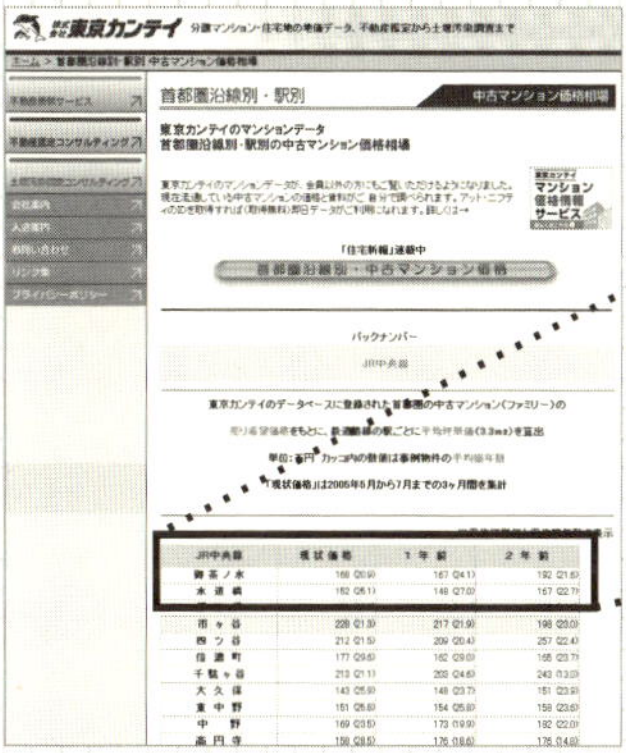

JR中央線	現状価格 ①	1 年 前 ③	2 年 前
御茶ノ水	168 (20.9)	167 (24.1)	192 (21.6)
水 道 橋	152 (25.1) ②	148 (27.0)	167 (22.7)

トップページ(http://www.kantei.ne.jp/)の右中央「首都圏沿線別・中古マンション価格」→「JR中央線・青梅線」をクリックした画面

① 現状価格

最新の集計数値。168とあれば、3.3㎡あたり、168万円ということ。20㎡、約6坪のワンルームの相場並み価格は1008万円くらい、という計算が成り立つ

② 築年数

この駅の周辺で、築何年くらいの物件の取引が多いかが分かる。都心近くなどではどうしても築年数が15年、20年を越えるような物件が中心になるが、周囲も同じような築年数であれば、ハンディにはならないと考えられる

③ 価格推移

1年前、2年前の価格の推移が分かる。もちろん、下がっている地域より、上がっている地域のほうが、人気が高くなった、借りる人が多くなりそうと考えられる。沿線全体の動向について解説記事がつけられているのも、初心者にはありがたいところ。特に土地勘のない沿線では、沿線のどこでどのような動きがあるのか、価格に影響しそうな再開発や新築マンション供給についてなどが書かれているので、熟読をお勧めしたい

借り手が重視する3大条件は、家賃、立地、広さ

「都心回帰」「女性のこだわり」……借りてもらいやすい物件のポイントを知ろう

住まいを探すにあたって、どのような条件を重視したかをまとめたのが左ページのデータ。半数以上の人が重視した項目は家賃、最寄り駅からの時間、通勤・通学時間そして面積（広さ）である。そのうち、最寄り駅からの時間、通勤・通学時間を立地としてまとめて考えると、3大ポイントは①家賃、②立地、③広さということになる。

このうち、家賃については収入が固定されていることが多い以上、最初に設定した予算以上に支払えるようになるケースは少なく、予算内で探そうと思う人が多いのは当然。35ページでも述べたように、7万円前後が一般的なラインだ。

次に大事なのは駅からの距離。最寄り駅から歩いて何分かかるかということで、防犯を気にする結果だろう、女性の4人に3人はこだわっているという結果になっている。同じように、通勤・通学に関しても女性のこだわりのほうが強く、7割以上の人が気にしているという結果になっている。分譲では都心回帰とよく言われているが、実は賃貸でも同じような傾向があり、場所にもよるが、駅から5分以内の新築も少なからず建てられている。探している人たちはそうした状況に敏感だといえるだろう。投資する側からすると、立地に関してはニーズにあった物件を探すことが非常に大

◎借りてもらいやすい物件のポイント◎

●部屋探しのときに重視した条件は？

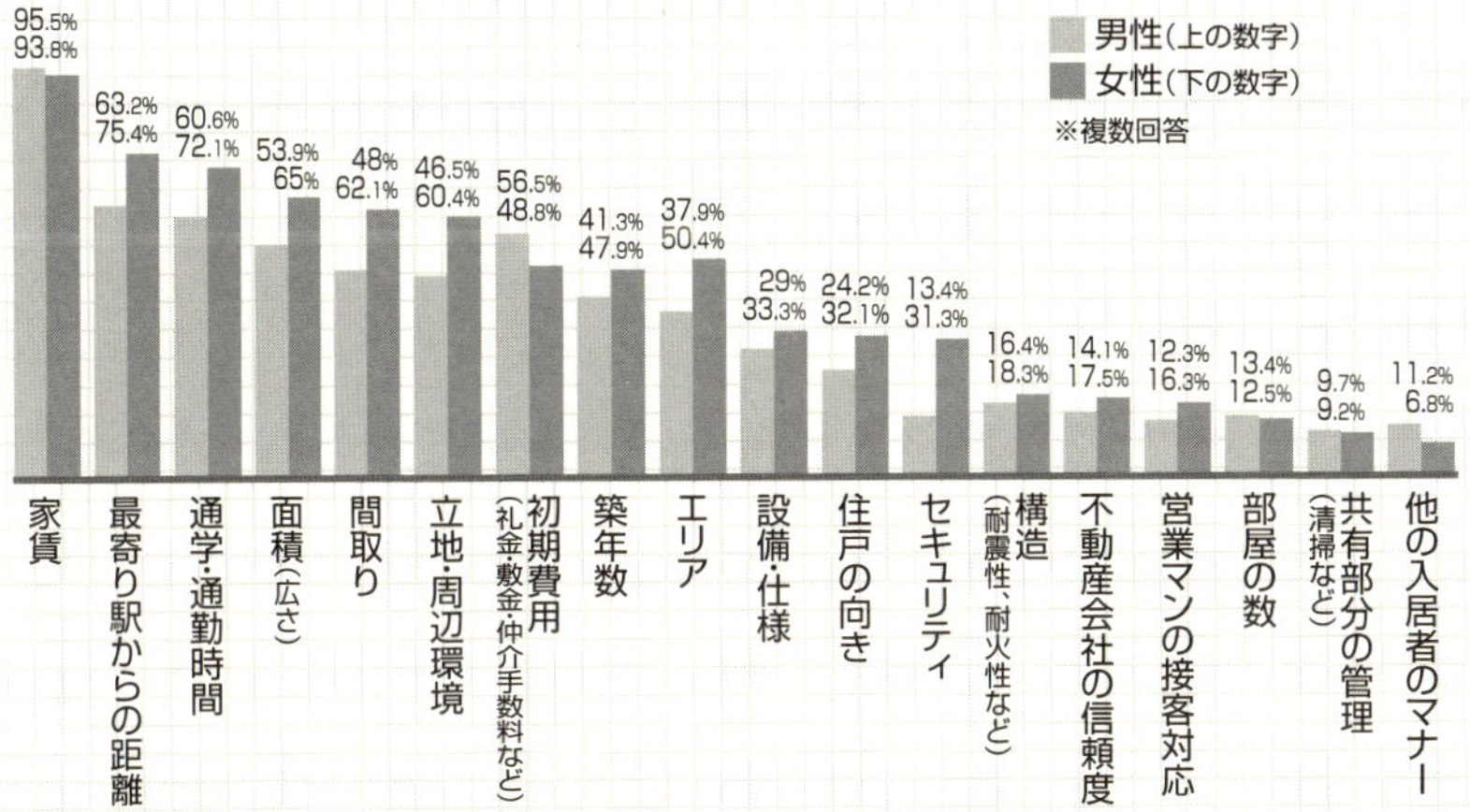

「2005年賃貸契約者に見る部屋探しの実態調査」(フォレント調べ)による

事というわけだ。

3大条件の最後が広さ。単身者の場合、広さよりも通学や通勤など足回りの利便性が優先されるわけだ。ここでも、男性より女性のこだわりが高い。一般に洋服や靴など、女性のほうがモノ持ちであることから、収納部への関心も女性のほうが高い場合が多い。

安全、暮らしやすさという意味では立地、周辺環境へのこだわりも高めで、特に女性ではイメージのいい場所、すなわち人気エリアに住みたいという声をよく耳にする。

その他の条件では、契約時の初期費用や築年数、エリア、設備・仕様、住戸の向き、セキュリティなどが主なところ。構造や不動産会社の態度なども年々気にする人が増えてはいるが、それほど大きなこだわりポイントとは言いがたい。

以下、それぞれの項目で、具体的にどんな条件なら借りてもらいやすいかを見てみよう。

●徒歩15分。……借りたい？

まずは立地。これに関しては最寄り駅からの所要時間と、最寄り駅から通学・通勤先への所要時間の2点がある。まず、20代～30代のシングルが実際にどのくらいの場所に住んでいるかのデータを見ると、平均は9.3分。10分以内という人は4人に3人近くで、ほとんどの人が、10分以内に住んでいる、または希望していると言ってもいいくらいだ。

そのため家賃も、駅から徒歩10分を超すと下がってくる。場所にもよるが、5％以上下がるケースもある。これが徒歩15分となると、1割近く下がるエリアもあり、バス便になると確実に1割は下がり、単身者向きの物件の場合、駐車場がある、バイク置き場がある、大学のすぐ近くであるなど、特殊な条件あるいはプラスアルファがなければ、借り手を見つけるのは非常に難しくなってくる。実際、賃料も5万円、6万円以内ということが多くなるので、物件価格にもよるが、大きな収益は見込みにくい。

また、この傾向は今後も加速すると思われる。なぜなら、ネットで物件を探す人が増えているからだ。ネットで物件を検索する場合、賃料や専有面積、駅からの所要時間など、各種の条件を選択して、その条件に合わせた物件が抽出される。駅から5分を条件にした場合は、当然ながら、その条件を満たす物件しか出てこない。もし、同じ地域に、徒歩6分だがそれ以外の条件は素晴しい、という物件があったとしても、ネット検索では絶対に紹介されないのである。

例えば、リクルートの賃貸情報サイト「フォレント」で物件を検索するとしよう。条件の詳細設定の部分に所要時間を選ぶ部分があるが、ここで表示されるのは1分以内、5分以内、7分以内、

10分以内、15分以内、気にしないの6項目。本来はあまり気にしていない人も、これがきっかけで、どれがいいかを考えることになる。駅から1分だと防犯面がどうかな、5分だと物件が少ないかもしれない、でも、15分は遠いな……。このように考えると、やはり「10分以内」はバランスの良い選択だろう。一度、条件として徒歩10分を掲げてしまうと、それ以降も、そうでなくてはいけないという確信がなくても、徒歩10分を条件にし続けることになる。……こうした一連の流れを考えると、よほど物件に特徴がある場合以外は、できるだけ駅から徒歩10分以内の物件を対象にするのが賢明というわけだ。

ただし、例外もある。都心部と人気駅の周辺だ。新宿や渋谷、原宿から徒歩圏内であれば、徒歩10分以上でも借りたい人はいる。また、下北沢や吉祥寺といった人気駅も同様だ。多少歩くとしても、それが10分ちょっと、15分以内であれば、他の駅から徒歩7分〜8分の物件よりも、競争力が高くなる可能性がある。「最寄り駅からの距離は近いほうが◎。できれば10分以内」。これが原則だが、駅のブランド力、人気度が高ければ、それに応じて多少遠くてもOKなのだ。

また、同じ距離なら、商店街を通るような立地がおすすめ。「確かに7分かかりますが、通るのは賑やかな商店街。防犯面の心配はないし、買い物して帰れるから便利ですよ」といった売り方ができるからだ。

◎原則は徒歩10分以内◎

●最寄り駅からの所要時間は?

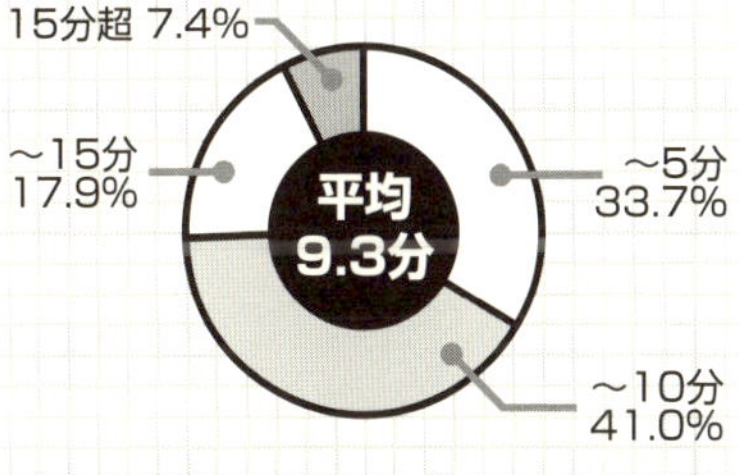

「2005年賃貸契約者に見る部屋探しの実態調査」(フォレント調べ)による

●通勤時間30分を実現するには、ターミナルから20分以内

駅からの距離に次いで気にする人が多いのが通学・通勤時間。平均的な数値で見ると、30分ほどとなっている。これを最寄り駅からの所要時間と合わせて考えると、最寄り駅からターミナルまでは20分以内がベストということになる。最寄り駅まで10分、電車に乗って20分という計算である。実際には乗り換えや電車待ち、駅から通学先、通勤先までの所要時間もあるから、理想は10分、15分だが、それだとあまりに範囲が狭くなる。とりあえずは20分以内を候補地と考えよう。

ここで注意したいのが、乗り換えの有無。自分の場合を考えてみても、乗り換えはないほうがラクなはず。だから、都心への直通路線が好まれるのは当然だ。もちろん、その便利さの分、物件価格は高めになるが、借りてもらいやすさはアップする。私鉄なら、地下鉄と乗り入れを行っている都心直通の路線がおすすめだ。

ところで、首都圏でもその他の地域でも、最寄り駅からの距離10分以内が選ばれるという点はほとんど共通なのだが、ターミナルからの距離は、かなり地域差が出てくるようになる。首都圏以外の地域では、人口が集中している、単身者に住みやすい市街地は、首都圏より狭い範囲になっている。これらの地域に投資するなら、よりターミナルに近い場所がいい。目安としてはターミナルから10分～15分前後。首都圏の場合より5分、10分近いほうが、借りてもらいやすさがアップすると覚えておこう。

◎主要ターミナルから20分圏内の駅は？◎

●首都圏、主要沿線の便利エリア

始発駅から快速、特急など最も早い便を利用した場合に20分以内で最も遠くまで行ける駅をピックアップ

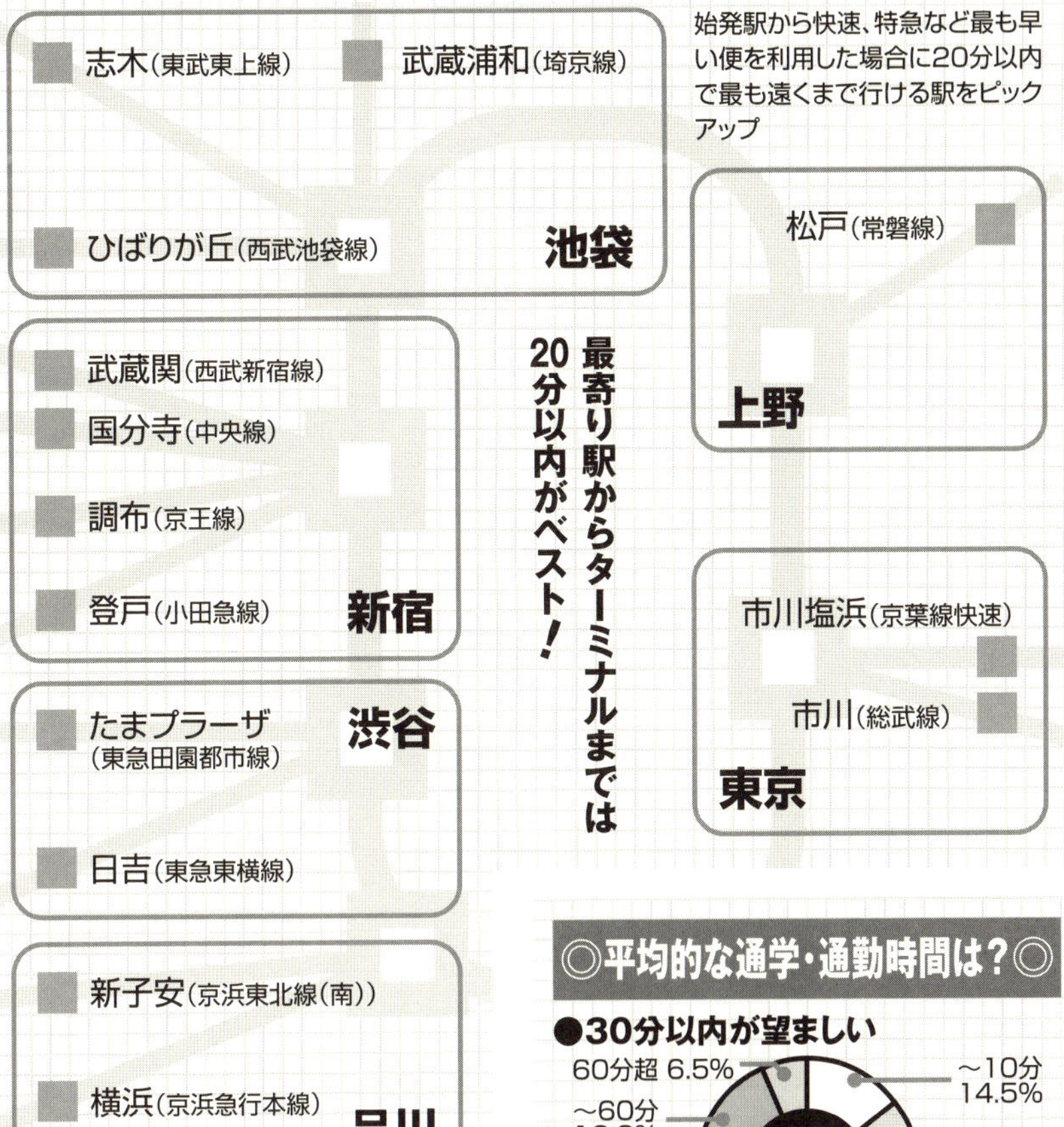

◎平均的な通学・通勤時間は？◎

●30分以内が望ましい

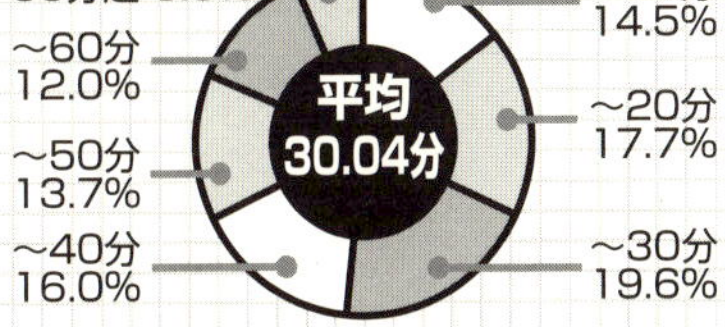

「2005年賃貸契約者に見る部屋探しの実態調査」（フォレント調べ）による

超都心なら18㎡以下でもいいけれど……？

専有面積と築年数についての基礎知識

部屋の広さも大切な条件だ。ひとつの目安は20㎡。これは、探す人のニーズから出た数字。不動産会社に聞いてみると、ほとんどの地域で「20㎡以下はそれだけでダメ。狭い、と拒否反応を起こされてしまいます」というのだ。バブル時に供給された不動産投資用のワンルームは、専有面積18㎡前後が多かったが、それでは相手にしてもらえない時代になったのだ。これから投資をはじめるなら、20㎡以上が無難だろう。どのくらいの広さの部屋に住んでいるかを調べたアンケートでも、平均は26㎡強。かなり広めになっていることが分かる。

しかし、これにも例外はある。都心近くなど、立地条件のいい物件である。例えば、渋谷区神宮前の物件なら、専有面積は18㎡以下でもＯＫだし、恵比寿でも駅から5分以内なら問題なし、といった具合だ。なぜなら、こうした場所には個人オフィスとしてのニーズがあるから。面積が狭い物件の場合は、立地面の強みと合わせて考えるようにしよう。

専有面積でもうひとつ覚えておきたいのが、チラシなどに掲載されている面積と、登記簿上の面積には差があるということ。チラシに記載の面積のほうが広いのだ。これは、基準となる広さが違うため。チラシに記載されている面積は壁芯《へきしん》、つまり壁の真ん中から測ったものだ。しかし、実際に使える面積は壁の厚み分だけ狭くなる。それが、登記簿に記載されている面積である。これを、内法《うちのり》で測った面積という。契約時に書類をみると、それまで見ていたチラシの面積より狭いことが多い理由はここにある。

●築年数と合わせて耐震強度も気にしておこう

建物が建ってから何年が経過しているかを示すのが築年数だ。築10年であれば、竣工後（建物完成後）10年経っている。ちなみに新築でも、未入居で1年経てば中古となり、新古物件などと記載されるようになる。

中古物件で注意したいのが、昭和56年6月以降の新耐震基準で建てられているかどうか。この基準は現行の耐震基準でもあり、震度6強程度の地震でも建物が倒壊せず、建物内の人命が危険にさらされない耐震性能をめざしたもの。この基準を満たしていれば、阪神淡路大地震規模の地震でも倒壊は免れるだろうといわれている。その耐震基準に基づいて建てられたとすると、築年数は25年以上。この数字を目安に、それ以前に建てられている場合には耐震面で問題がないか、補強などが施されているかどうかなど、十分に確認する必要がある。

中古の場合、水回りなどにも古さが出てくるが、そのあたりの具体的なチェック方法については5章で具体的に見ていこう。

◎平均的な専有面積は？◎

●最近の傾向は、ちょっと広め

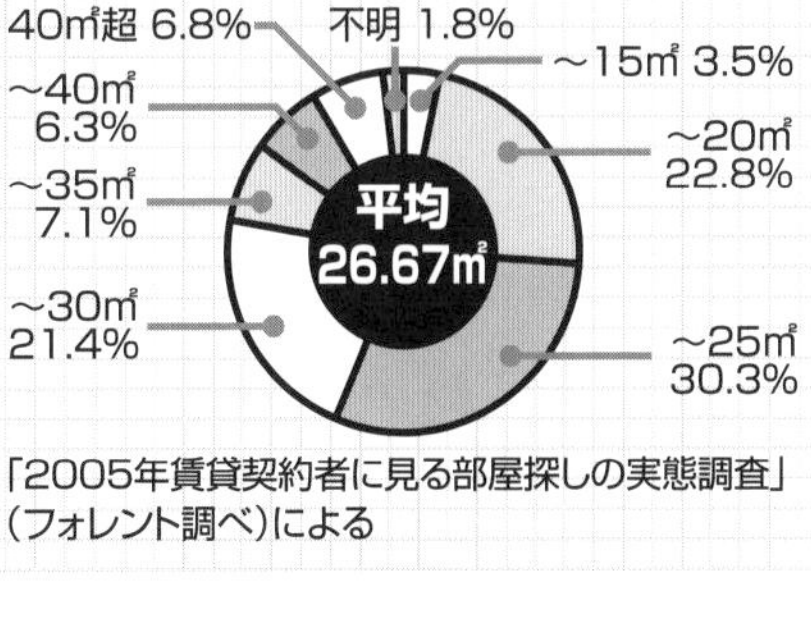

「2005年賃貸契約者に見る部屋探しの実態調査」（フォレント調べ）による

バス・トイレ別が理想だが……？

細かい条件にこだわりすぎると、可能性を狭めることになる

設備面ではバス・トイレは別になっているタイプが理想だ。

かつてはバス・トイレ・洗面所が一体になった3点ユニットが主流だったワンルームだが、狭い、トイレにまでシャワーの水がかかるなどの理由から敬遠されるようになった。現在の新築では大半がバス・トイレは別。ただ、中古で購入する以上、「絶対にバス・トイレは別」と言っていては、対象となる物件が少なくなる。立地などその他の条件で、バス・トイレが一緒というハンディを越えるメリットがあればOKのつもりで物件を探そう。

洗濯機置き場が室内にある間取りが、特に女性には好まれるが、これも同様だ。絶対に、とまではこだわらないようにしよう。

また、賃貸市場ではエアコン付きが常識化しているが、エアコンは物件の購入後、自分で設置できるので、最初から付いている必要はない。鍵についても、オートロックは別として、個別の鍵であれば交換、追加などは後日考えても問題ないので、投資物件を探すときにはあまり気にしなくていい。

●階数、向きを気にする人が増えている

ここ数年、賃貸物件を探す際に防犯を気にする人が急増している。女性だけでなく、男性にもいえることで、顕著に現れているのが1階を嫌がる傾向。1階というだけで無条件にノーという人が増えているのだ。そのため、同じ建物内でも1階だけは賃料を下げている建物も少なくない。

そのため投資物件でも、できれば1階以外のほうが借りてもらいやすいが、立地によって差が出ることもあるので、無条件なノーは避けたい。というのは、1階といっても建物そのものが周囲から高い場所に建っていたり、広い敷地内にあって公道に面していなかったりなど、防犯上の問題にならない場合があるためだ。もちろん、ネット上での検索では探してもらいにくくはなるものの、きちんとした客付け（借りる人を見つけること）ができる不動産会社に仲介を依頼すれば問題ないはずだ。

その他、物件の条件では向き、日当たりも見逃せないポイント。一般には南向き、日当たりの良い物件が好まれるので、可能であれば、そうしたセールスポイントのある物件を手に入れたいところ。しかし、都心部で建物が密集しているところなどでは、南に向いていたとしても日照は期待できないこともある。都心で投資するなら、向き、日当たりは条件としては考えるものの、優先順位としては低目と考えていいだろう。

また、都心では音はあまり問題にならないようで、特に単身者相手であれば、極端にうるさくない場所でなければ、マイナスには働かない。

賃貸は一点豪華主義

大きなセールスポイントがひとつあると、借りてもらいやすさが一気に上昇する

さて、ここまで、どんな物件が好まれるかを立地や広さ、設備など、実用的な面から説明してきた。ところが、賃貸の場合、その実用面以外にも借りてもらいやすさに関わる大きなファクターがある。前ページまでの説明を根幹からひっくり返すような言い方になるのだが、賃貸では1カ所、本当に1カ所でいい、他と違う、大きなセールスポイントがあれば、借りてもらいやすさは一気に上昇する。しかも、それは実用的な面以外であることが多い。

例えば眺望。部屋から、あるいはバルコニーから東京タワーが見える、六本木ヒルズが見える、新宿の高層ビル群の夜景が見える……。もっと極端な例では、隅田川の花火大会が見えるなどもこの範疇だ。花火大会は1年に1日しか楽しめないわけだが、賃貸ならそれでもOKなのだ。分譲では、たった1日だけのためにその部屋を購入することは考えられないが、賃貸では十分にありえるのである。また、音をあまり気にしない人が多いのか、高速道路や空港、飛行機の発着なども十分セールスポイントになる。

部屋の作りがちょっと他と違っているのも有効。デザイナーズなどがいい例で、面積的に広くなくても、設備的にすごくなくても、見た目が他と違っていれば、他と違うというだけで借りたいと

いう人が出てくるのである。デザイナーズまで行かずとも、室内の一部にガラスブロックを使っている、収納扉の色が他にないようなビビッドな色だ、天井が高いなど、ほんの少し違うだけで借りる人は反応する。この点については、購入時点でそうでなかったとしても、購入後に手を入れることで借りてもらいやすさをアップできることも数多くあるので、ぜひ、覚えておいていただきたい。

部屋にプラスアルファがあるのも歓迎される。具体的には1階で庭がある、最上階でルーフバルコニーがある、屋上があるなど。中古なら1階でも湿度を気にすることはないし、庭がある単身者向き物件はあまりないから、大きなアピールポイントになる。最上階でバルコニーがある、屋上があるようなら、ペントハウスという言い方をすれば、注目を集めやすい。

立地面でも一点豪華主義はありえる。目の前に公園がある、川があるなど自然環境に恵まれている場合、1階にコンビニがある、医者があるなど利便性が高い場合などは、他の物件よりぐんと競争力が高まる。

ただ、こうした物件は探そうと思って探せるものではない。そもそも、不動産会社にこうした物件のニーズが高いという認識がないのか、特に投資用の物件資料でこうした記載があること自体が稀なのだ。だから、物件を検討していく中で、何かひとつ、他にない、印象的なポイントがある物件が出てきたら、それはかなり有力。利回りなど他の条件で同じような物件があったとしたら、迷わず、その物件を選ぶことを勧めたい。

そして、客付けを依頼する不動産会社にはそのアピールポイントを明確に伝えて、ＰＲ活動をしてもらうこと。せっかく「一点豪華主義」の物件を手に入れたなら、それを生かすような売り方をしなければ、労力が報われない。

間取図の読み方も覚えておこう

建築図面ほど精密でないが、不動産の検討には欠かせない資料

不動産の資料には、立地や価格その他、様々な要素があるが、その中でも初心者には分かりにくいのが間取図。部屋を借りている人ならなじみはあるだろうが、念のため、基本的な読み方を左にまとめてある。注意しなくてはいけないのは建築図面ほど精密でないということ。収納部が異常に大きく書かれていたり、洗面所が小さかったりなど、現地で確認してみないと分からない箇所が多いので過度に信頼しないこと。概ね、どんな部屋かが分かるものと思っておこう。

ひとつ、覚えておくと便利なのが、専有面積から居室の広さを算定するための簡単な方法。左の間取図は専有面積が約22㎡。これを坪に直すと、6.6坪となる。1坪が畳2枚分だから、全体は畳にして13.3畳分ということに。そこから、玄関やトイレ、風呂場などの畳数を引くと、部屋の広さになるのだが、一般に玄関は0.5畳、トイレは1畳、風呂場は2畳、収納は広さによるが、左の場合には居室内に1畳、キッチンが1畳、さらに通路分は約1畳として計算する。これで左図の居室の広さを計算すると、13.3畳マイナス6.5畳となり、6.8畳という数字に。実際には通路部分などもあるので、ぴったりとは行かないが、かなり近い広さが算出できるというわけだ。ちなみに20㎡だと、6畳前後、22㎡で7畳前後、24㎡で8畳前後というのがよくある広さだ。

◎間取り図の読み方◎

●不動産の検討に欠かせない「間取り図」の基礎知識

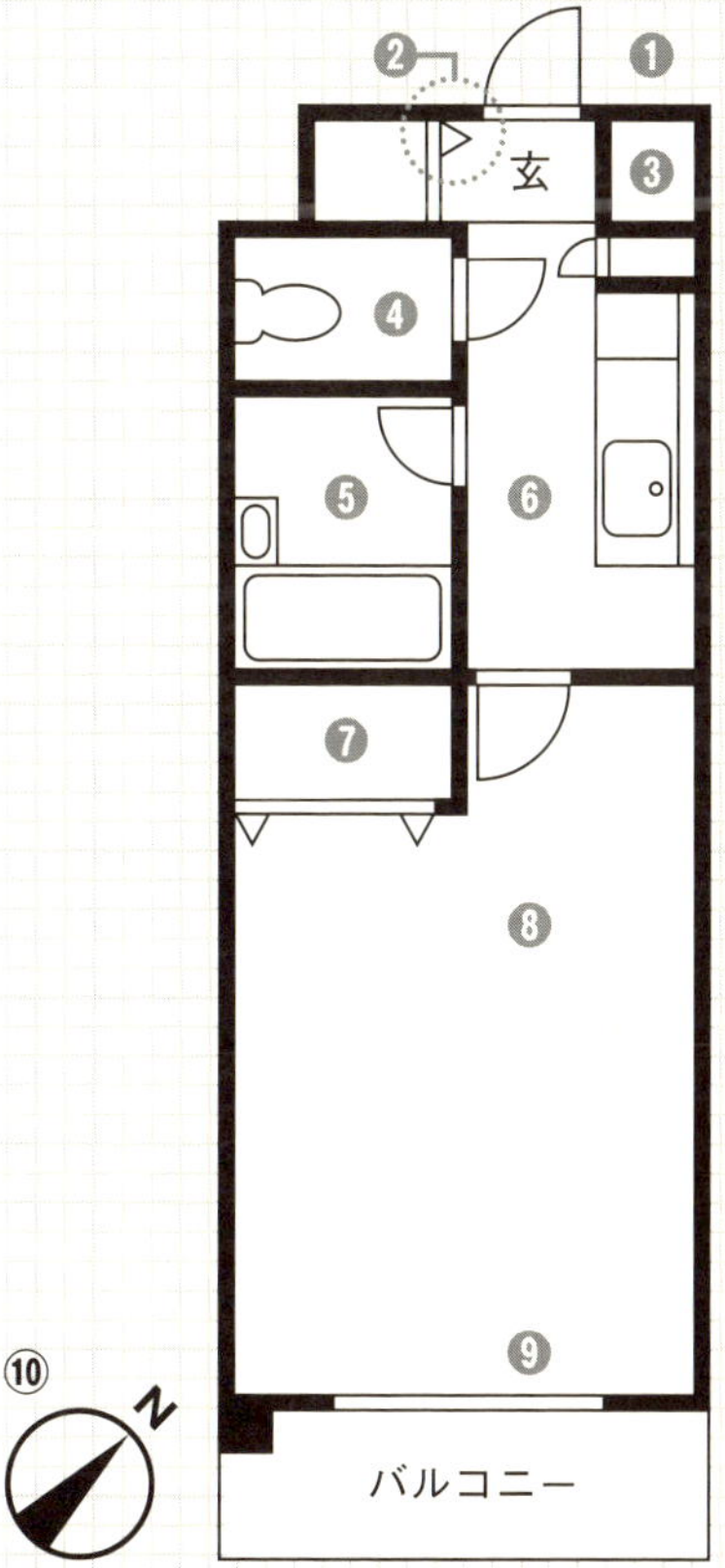

❶ドア
どちらに開くかも分かる

❷折り戸
収納の扉や風呂場、洗面所の扉などによく使われる。ドア、折り戸の他に引き戸の場合もある

❸パイプスペースなど
玄関脇に何に使うか分からないスペースが書かれている場合があるが、大半はパイプスペース。実際には使えない部分だ

❹トイレ
間取り図を見れば、トイレが洗面所・浴室と独立しているか、一体かがすぐにわかる

❺洗面所
洗面所内に妙な空きスペースがあった場合、洗濯機置き場である可能性が高い。キッチンなら冷蔵庫置き場だ

❻キッチン
ガスなのか電気なのか、口数はなどの詳細が書かれていない間取図も少なくない

❼収納
洋室の場合は洋服を入れるクロゼットが多く、押入れに比べて奥行きが浅いことも

❽居室
部屋の広さは畳数あるいは㎡数のいずれかで示される

❾窓
バルコニーに面した窓は天井から床までの掃き出し窓が大半

⑩方位マーク
Nが北。この間取りでは、バルコニーの向きは南西になる

コラム

3.3じゃなくて、3.305785 1 2がプロっぽい

本当はどきどきしていても、
不動産会社を訪問する時は、余裕あるところを見せたいもの。
そんなときに有効なのが、3.3057851 2という数字。
本文では「1坪は3.3㎡」と説明したが、
実際のところは、コチラが正しい数字。
提示された坪数から専有面積を計算する時に電卓に向かってわざと
「かける3.3058だから……」（さすがに3.3057851 2では細かすぎる）と
呟いて見せれば、
「お、わかってるな」と思われるはず。
また、もうひとつ、同様の手は
東京カンテイなどの坪単価の資料をコピーして持参すること。
こっそり目を通して「このあたりは坪◎万円くらいですか」と
さも知っている風に聞いてみるのだ。
ただし、間違えた数字を言うと、
逆にダメなヤツと思われるので、慎重に。

第3章

物件の探し方

不動産会社探しからはじまる
お宝物件への道！

72ページ〜

❶具体的な物件探し

買いたい部屋のイメージが沸いても、探し方、買い方の具体的な手順がわからなければどうしようもない。ここでは、順を追って丁寧に解説する

80ページ〜

❷コワイ印象

たしかにはじめは怖かった……。ちょっと恥ずかしい思い出だが、著者（国房）がはじめて不動産会社を訪ねた時の顛末をご紹介しよう

国房敬一郎（国）＋中川寛子（中）

中 欲しい物件のイメージが決まったら、次は **❶具体的な物件探し** ね。どうすればいい？

国 他の不動産と同様、不動産会社さん。僕は、場慣れするため、最初は一般の不動産会社さんを訪問しましたね。

中 一般？ 近所にあるような普通の不動産会社さんでも投資用物件を扱ってるの？

国 うん。ないことはないけど、利回りが良くないことが多い。だから、やりとりを勉強させてもらうつもりで行くといいと思う。

中 確かに、不動産会社というとなんとなく **❷コワイ印象** を持っている人もいるから、それを払拭して、自然体で交渉できるようにするには、不動産会社そのものに慣れておく必要があるかもね。

国 何度か行ってみれば、どんなことを聞かれるか、どんな事前準備が必要かなども分かってきます。

中 ある程度慣れてから本命の会社に行けば、やりとりで失敗する可能性が低

86 ページ～

❸本命

物件の目利きは確かに大切なスキルだが、もしかしたらそれ以上に大事なのが「いい不動産会社」との出会いだ

84 ページ～

❹ネット

情報収集自体はネットでもできるので、簡単といえば簡単。しかし、一見オイシそうな話の真価を見抜くのはなかなか大変

いってわけね。

国 どんなに無愛想な相手でも、ひるまずに交渉できるようになりますよ。

中 なるほど。ところで、投資用物件を多く扱ってる、**❸本命**になりそうな不動産会社を探すにはどうすればいい？

国 一般の人の目につくような広告は出してないことが多いので、これはなかなか難しい。例えば**❹ネット**なら「不動産投資」「高利回り」みたいなキーワードで検索してみるとか。

中 だったら、裁判所で扱っている物件、あれはどう？

国 競売《けいばい》物件だね。僕も最初はそう考えた。

中 ダメだったの？

国 価格が安いのが競売物件の魅力だったんだけど、今は手を出す人が増えたから、ちっとも安くなくなってるんだ。

中 安く買えないなら、メリットないわね。

国 地道に不動産会社を探すのが、最終的には早道。人生と一緒ですよ。

大家さんへの道、全19ステップ

情報収集からローン申し込み、契約まで。不動産投資のロードマップ

ここでは大家さんになるためにするべきことを、順を追って解説するが、その前に、いくつか用意したい品がある。まずはファックス。これは不動産会社から、物件の資料や、契約前に必要な費用や書類のリストを送ってもらうため。郵送してもらうより、相手にも負担をかけなくて済むし、口頭での確認より確実だ。また、利回りの計算のためには電卓、できればローン電卓を用意しよう。不動産会社で提示された数字の確認や、試算に便利だ。もうひとつの必需品はデジカメ。性能よりコンパクトさが大事で、ぱっと出せるポケットサイズが◎。下見の時にメモ代わりに使おう。

チラシを見る

まずは、新聞の折込チラシを見よう。近所の物件が中心なので、管理しやすい、相場が分かりやすいメリットがあるが、広範囲で物件を探すのには不向き。探しているタイプの物件以外も見ておくと、地域の中古市場が分かってくる。チラシに記載の投資用物件で、利回り計算を練習してみるのも手だ。

ネットで検索する

ネットで実際の物件売買情報をチェック。市場を知り、相場観を養い、かつ、物件を探す。また、中古物件を中心に扱っている不動産会社を探しておく。投資向き物件を扱っている会社を探すためには、不動産投資、高利回り、収益物件、大家さんなどをキーワードに検索。

不動産会社に電話する

チラシやネットで見かけた不動産会社に、希望物件があれば、その物件を見せてもらいたいと申し込んでアポをとる。投資を専門にしている会社だと、電話の対応が無愛想なことも多いが、めげないように。また、駅前などにある賃貸仲介の会社と違って、アポなしでは会ってくれないので、必ずアポはとろう。

ファックスで資料などを送ってもらう

希望する物件がまだ売れていないかを確認の上、物件資料をファックスしてもらうように依頼する。よほどの繁忙期でない限り、たいていの会社で送ってくれるはずだ。希望する物件以外にも物件がありそうなら、そうした物件資料も合わせて送ってもらうように頼むと効率的。

資料を分析する

物件資料にはチラシにはない修繕積立金などの情報が入っているはずなので、できる範囲で実利回りを計算してみる。また、物件の情報を細かく見て、これはダメだと思ったら、この時点で断る。また、不動産会社訪問までに時間があるようなら、一人で現地を訪ねてみるのも情報収集には有効。

不動産会社を訪問する

時間通りに行くのは基本。不動産会社訪問後、現地、物件を見に行くことも考え、時間には余裕を持っておく。少なくとも、3時間程度は必要と考えておくといいだろう。ここでは忘れず、ローン電卓、デジカメを持参のこと。

条件などの話をする

訪問すると、先方の用意した書類に手持ちの資金や購入希望額、利回り条件、買う物件の広さや立地などの条件などを記載することになる。後々の情報収集のため、できるだけ細かく、具体的に書くことが大事。当然のことだが、嘘を書いても誰もトクしないので、念のため。

見られるものなら室内を見に行く

中古物件では、現在入居者がいて、オーナーが変わる（オーナーチェンジというケースが多く、その場合には室内は見られない。それ以外で室内が見られる限りは必ず見ておく。会社、担当者によっては、物件まで同行してくれるが、必ずというわけではない。

物件そのものは必ず見る

室内は見られないとしても、物件そのものは必ず見に行く。周辺を歩いてみて、どんな場所か、借りてもらいやすいかを確かめることも忘れずに。不動産会社の担当者が車で同行してくれたとしても、周辺は自分の足で見て歩く。また、建物回りは必ず1周して、手入れの具合などを見ておこう。

周辺取材などで自分なりに評価を下す

せっかく現地まで行ったのなら、近くの不動産会社を訪問、相場やこの辺りで探している人がどんな人たちなのかなどを聞いてみる。「近くのアパートを見に来たので、ついでに聞いてみようと思って」といえば、あれこれ教えてくれるはず。その時間、度胸がなくても、店頭を見る、チラシをもらうくらいはしたいもの。

不動産会社に買い付け証明書を送る

この物件と決めたら、その意思表明をする。それが買い付け証明書と呼ばれるもので、不動産会社はそれぞれ独自の書式を用意しているので、訪問時にそれをもらっておき、空欄を記入してファックス、あるいは持参すればそれでＯＫ。契約日は要相談とし、融資特約を付けて（詳細は79ページ）提出する。

ローンの申込み★

銀行にローンの申込みに行く。不動産会社訪問時に付き合いがある銀行あるいはお勧めの銀行があるかを聞いておき、まずはそこへ。そこがダメなら給与の振込み先など、何らかのつながりのある銀行へ。投資を始めようと思った時点で、あらかじめ事前にどこなら貸してくれそうかリサーチしておくとスムーズ。所要時間は約2時間。

並行して不足情報を入手

修繕計画、修繕積立金額など、ここまで入手できなかった情報を調べる。マンションでは10年に一度くらいの頻度で大規模な修繕が行われ、その時にはまとまった修繕積立金が必要になるが、それがいつ行われるのか、そのための積立金がきちんと積み立てられているかは、経営計画を考える上で必須の情報だ。

ローンの内定がおりる

申し込んでから10日から2週間くらいが目安。申込み時にいつくらいに結果が出るかを聞いておき、自分から電話してみよう。このとき、申込み時は20年としておいたローン期間を15年にしてくださいなどと条件変更を求められることもある。その際には利回りを再計算、やっていけるかどうかを確認する。

必要な書類やお金を用意する★

銀行、不動産会社それぞれに何が必要かを確認して用意する。税務署、役所には、一度行ってまとめて取得できるよう段取りを考えて。金融商品を頭金に充てる場合には早めに解約する。また、ＡＴＭでの引き出しには1日あたりの限度額があるので、こちらも早めに。可能なら内定がおりる前から準備を始めても。

物件の契約▲

不動産会社で行い、所要時間は2時間くらい。平日でなくてもＯＫ。売主の都合によるが、日時については比較的融通してもらいやすい。重要事項説明書、契約書に関しては後述するが、事前に目を通すようにしておくと、当日はスムーズに進められる。

ローンの契約★

銀行で行う。所要時間は1時間ほど。指示のとおりに書類などを提出、署名押印する。給与振込み口座のある銀行で借りる場合には、収支を明確に分けるために、もうひとつ、投資専門の口座を作っておくとよい。こうしておけば、確定申告時にも、記帳された内容を分類する必要がなくなり、効率的。

管理会社の選定・依頼

空室状態で購入するのであれば、決済日からすぐに募集がかけられるよう、早めに管理会社を選定、内々に依頼しておく。ただし、実際の依頼は決済終了後。できれば、午前中に決済を済ませ、その後で管理会社との打ち合わせができるように手配しておくと、平日1日休むだけで済む。

決済★

平日の午前中10時～12時に行われ、その日のうちに登記という場合が多い。本人、売主、双方の不動産会社、それぞれの銀行に司法書士と関係者が多く、行きかう書類やお金も多いので、整理して用意しておく必要がある。契約から決済までは3週間～1カ月程度。決済した瞬間から、あなたも大家さんだ！

●平日にしかできないこともある

ここで注意しておきたいのは、どうしても平日に休みを取らなければならない作業があるということ。それは★で記した作業で、具体的はローンの申込み、必要な書類などの手配、ローンの契約、決済だ。▲となっている物件の契約も、相手によっては平日に行われる可能性がある。決済以外は2時間ほどで済むことが多いので、午前中休めば済むはずだが、これも相手のスケジュール次第でもあり、年度末など休みが取りにくい時期にかからないようにしたいもの。

段取りとしては、買い付け証明を出すと同時にローンの申込みをしたとして、内定が出るのが10日～2週間後。この間に必要な書類などを用意しておき、内定が出たらできるだけ早い時期に物件の契約を行う。その後、ローン本審査に2週間ほどかかり、決済はその後。物件の契約から3週間程度を考えておけばいい。つまり、物件を決めたら、それから1カ月半ほど決済という計算だ。書類の手配など一度にまとめてするようにしないと、間に合わないので注意しよう。

●買い付け証明書はここに注意

この流れの中で、注意しなくてはいけないのが買い付け証明書。大事なのは、融資特約。これは金融機関からの融資がおりなければ、申込みは無効になるというもので、これがないと、融資がおりなくても買わなくてはいけないことになる。不動産会社で用意してある用紙ではここが空欄になっているので、必ず忘れずに記入すること。また、契約日はローン次第でもあるので、要相談とフレキシブルな対応をしておこう。

実録！　投資物件遥かなり

国房啓一郎の不動産会社放浪記

●初めての不動産会社訪問は恐怖との戦い

不動産投資を始めようと思いたって、6カ月。自分が始めて不動産会社を訪問したのは、競売物件の利回りの悪さにに辟易しつつも、下見に出かけた帰りであった。ふと、みかけた不動産会社は賃貸専門のフレンドリーな雰囲気とは異質。でも、多分、売買をやっているはず。おいしい物件があるかも。よしっ！

店の前まで行く。入ろうと中を見る。

ひっ、こ、怖い！

店構えは立派なものの、店内には客の姿はない。いるのは、人相の悪いオヤジ一人。退屈そうに新聞を読んでいる。

どきどきしながら、扉を横目で見て通り過ぎる。通り過ぎる。だって、怖い……。と思いつつ、我に帰る。こんなコトでくじけてどうする、かのロバート・キヨサキ氏も、きっと、この恐怖を乗り越えてきたに違いない。がんばれ自分！

再度勇気を出して店頭に立つ。ドアに手をかける。と、中のオヤジが新聞から目を上げた。うぁぁ、目が合う。慌てて横を向く。いや、横を向いてどうする！

3度目のチャレンジ。ドアに手を。ドアノブに手をかけた瞬間、また、目が合った。見つめあう2人。

もう、我慢できない。

思い切って、ドアを開け、元気よく、声をかける。

「こんにちは」。

「……あい？」

低いドスの聞いた声。あ〜、やっぱり、怖い。

でも、自分が不動産を買いたいと切り出すと、オヤジ、驚いた顔をしながらも、「若いのに、投資かい」と、椅子を進めてくれた。その後、出してもらったお茶をすすりながら、自分は人間見た目じゃないと、不動産会社雰囲気じゃないと、この後にも役立つ教訓を得たのであった。ただ、必死になって物件の条件を説明、ぜひ、物件を紹介してほしいと懇願したものの、その後、一切の連絡はなし。その後、何社が不動産会社を訪れるごとに、恐怖は薄れたものの、物件にはめぐり合えずじまいだった。

●自称「不動産投資家」、不動産会社を訪問しまくるが成果なし

その後も何度か同じように不動産会社に訪問するも、訪問後に連絡をくれる会社はなかった。落ち込みかけたとき、自分はふと、気づいた。そう、そうだ、ファックスがないんじゃん。アレがあれば、資料を送ってもらえるはず。速攻、買いに走った。

走りながら、もうひとつ、思いついた。

名刺だ、名刺を作ろう。

普段着で訪問するせいか、自分が童顔なせいか、どこの不動産会社行っても聞かれるのは「どんな部屋をお探しですか？」

自分は賃貸を探しているんじゃあなあああい！

そこで、早速名詞用のプリント用紙を買ってきて、かっこいい名刺を作った。肩書き？　ふっふふ、それは「不動産投資家」。

早速、それを持って不動産会社回りをする。と、やはり、違う。時々、怪訝そうな顔をする人もいるけれど、「若いのに、偉いね～」と誉められることもしばしば。

でも、誉めてくれるより、物件とめぐり合わせて欲しいというのが、その頃の自分の切なる希望。探しても、探しても、出てくるのは表面利回りで7％台の物件ばかり。これじゃあ、投資にならん。もう、今の東京には、いや、世の中には利回り10％なんて物件は存在しないのかも。

そう思いかけた頃、自分はふと、気づいた。ひょっとして、不動産会社選びに間違いがあるのでは。考えてみれば、誰もが買える不動産会社で売られている物件が投資に向くなら、誰でもが不動産投資家になれるではないか。

そこで、自分はインターネットで不動産投資、高利回りなどの単語で不動産検索を始めた。

と、出てくる、出てくる。利回り11％、13％……。これまでの低利回りは何だったんだと言いたいほど、ざくざくと物件があるではないか。う～ん、買えるものなら全部買いたいほど。買うぞ！

●怪しい会社、墓地のど真ん中物件を経て最初の投資物件へ

しかし、訪れた投資のプロ向けの不動産会社は思いっきり怪しかった。店頭に貼られた物件チラシには大きく赤字で「利回り13％」、「競売物件・任売、絶対お勧め！」などなど。しかも、チラシを元に話を始めると、あれ、おじさんが話している言葉が分からない。

「旧借地権の物件ですが、まあ、利回りはいいですよ。あ、それは再建築不可でね、接道に問題があるんですよ。私道は区分所有になってますよ、もちろん。そうねえ、擁壁も必要かもしれないねえ」

キュウシャクチケン？

セツドー？

ダメだ。敗北を認めよう。コレ以上聞いても自分には何も分からない。出直そう。店を出る自分の背後で笑い声がした気がした。

その日から、自分は不動産用語を勉強し、調べ、質問し、不動産会社に行くときはカンニング用に相場表を持ち歩いた。それで、ようやく、自分の希望に近い物件を紹介してもらえるようになったのだが、試練はなおも続く。

それは物件そのもの。利回りの良い物件には不動産会社同様、怪しい物件や変わった物件が多いんだよね。自分が見に行ったなかで、最も、怪しかったのは墓地のど真ん中に建っている物件。墓地の持ち主であるお寺が土地の借地権を持っており、公道に面していないから、今ある建物が老朽化しても建て直すことはできない。それに、そもそも、ポルターガイストじゃあるまいし、どちらを向いても墓、墓、墓の物件を誰が借りるというのだろう。

しかし、自分が今あるのは、自分を大笑いした不動産会社や、コワイ思いをさせてくれたオヤジさん、気味の悪い物件があってこそ。経験と情報が自分を強くし、物件を見る目、投資を決断する力を養ってくれた。そして、こうした経験の後、探し始めて8カ月後、自分はようやく、最初の投資物件に巡りあったのです。

怪しい不動産会社の見分け方

見た目にとらわれず、不動産会社をしっかり判断しよう

国房啓一郎の不動産会社放浪記にもあったように、投資物件を扱っている不動産会社には怪しげな会社も少なくない。ただし、怪しげなのと、実際に怪しいのとは天地ほども違うので、見た目にとらわれず、各種免許や加盟業界団体、説明の内容などから客観的に判断したい。

そこで、まずチェックしたいのが、宅建免許。これは宅地建物取引業法という不動産会社の基本的な法律に則った免許で、これがないと不動産会社は開けない。不動産広告に記載、あるいは店舗の見えるところに掲げてあるはずなので、ここで免許内容を見よう。この免許公布者は国土交通大臣あるいは都道府県知事の2種類があるが、これは同じ自治体内でのみ営業を行う場合には知事の、複数の自治体にまたがって支店がある場合には大臣の免許になるというだけで、それほど深い意味はない。ただ、「ウチは大臣免許だから」と、意味なく偉ぶるような担当者がいる場合にはアブナイかもしれない。それよりも気にしたいのは東京都知事（3）第123号とある（）内の数字。これは宅建免許の更新回数を示し、回数が多いほど、長く営業してきたということに。もちろん、長ければ信用できるかといえば、そうとばかりは言い切れないが、とりあえず、経験のある会社だとはいえるだろう。

次に見たいのは加盟している業界団体。中小で仲介を中心に営む不動産会社の団体としては都道府県ごとに宅地建物取引業協会があり、少なくともここへの加入は基本。ここに加入している会社であれば、トラブルがあった場合、協会が相談に乗ってくれたり、弁済の方途を検討してくれるというメリットもある。ここの加入社は赤と緑の通称ハトマークを掲げているので、すぐに分かる。また、もうひとつ、全日本不動産協会という団体もあるが、小さな個人営業の不動産会社では加入していないことも多い。

さらに慎重を期すのであれば、免許を公布した行政庁で業者名簿を閲覧するという手もある。これを見れば、その会社の営業実績、事業の沿革から、代表者・役員、宅地建物取引主任者の氏名・略歴、資産状況、これまでに受けた行政処分など、会社に関するすべてが分かる。行政処分を受けたことがある、商号・役員を頻繁に変えているなどの会社は何か後ろ暗いことがある可能性が高いので、注意が必要。名簿閲覧窓口には相談窓口が併設されているので、気になるようだったら、そこで処分の内容、経緯などを詳しく教えてもらおう。

●メリットばかりしか言わないような会社はNG

どの物件にもメリットがあれば、デメリットもある。それなのに、メリットばかりを強調、デメリットに目を向けさせないような会社は基本的に避けたほうが無難。実際には知られたくない瑕疵がある可能性があるからだ。ただ、どんな業種でも営業マンが自らデメリットを言い出すケースが少ないことを考えると、投資家にはそれを聞き出すテクニックも必要といえる。

コラム

バブル時の不動産投資物件は買い？立地が良ければ何とかなるが……

10年前、バブル時にも不動産投資ブームがあった。
対象は今と同じくビジネスマン。
で、売られていたのは16㎡、14㎡などという狭いワンルーム。
20㎡以下と言うだけで嫌われがちな最近の賃貸市場でいえば、
超！狭いといっても過言ではないほどの物件である。
……とはいっても、立地によってはこうした物件でも何とかなる。
それはオフィスユース。
都心部あるいは山手線各駅から歩いて5分、
できれば3分以内なら十分その可能性はある。
物件を見に行ったときには、他の部屋がどのように使われているかを
表札からチェックしてみよう。
そこで、オフィスが大半という場合には、
オフィスとしての利用を当て込んだ投資を検討してみてもいい。
ただし、契約は住居だが、実際にはSOHO利用ということもあるので、
表札チェックに加え、不動産会社への質問も忘れないように。

第4章

収支面からの物件チェック

賃貸相場と将来性を見極める情報収集のコツ！

92ページ～

❶物件価格が相場に照らして妥当か

物件を紹介されたらすぐに行いたいのがこの作業。インターネットを駆使した情報収集術をご紹介しよう

96ページ～

❷いくらの家賃がとれるのか

敷金、礼金も含め、家賃設定の下準備をしっかりとやろう。ネットでの調査に加え、足を使った現地調査も有効だ

この章のキーワード & イントロダクション

国房敬一郎（国）＋中川寛子（中）

中 百戦錬磨の不動産会社を相手に、ようやく物件に辿りついたとしましょう。今度はこの物件がホントに買いなのかどうかを調べなくちゃいけません。

国 「買ってはみたけど、儲からない」じゃ、困るからね。

中 そのためには、まず、金銭面のチェックね。

国 **❶物件価格が相場に照らして妥当か** どうかが最初の確認事項。

中 これは、投資じゃなくても必要なことね。

国 そう。ここで相場よりも高いものをつかんじゃったら、その後はない。

中 キッチリ確認しましょう。

国 次に、この物件で **❷いくらの家賃がとれるのか** を調べる。

中 家賃だけじゃなくて、礼金・敷金がいくらかも見ておいたほうがいいわ。この頃、地域によってかなり違うのよ。

国 そうみたいだね。礼金は大家さんが謝礼として受け取るものだから、受け取れれば、それはそれでおいしいからね。

中 **❸買ってから支払うお金** についてもきちんと調べなくちゃ。

100ページ～

❸買ってから支払うお金

管理費、修繕積立金などマンションの所有者が毎月支払う費用も必ずチェックしよう

102ページ～

❹長い目で見る

不動産投資は息の長い勝負。物件の場所が、人口が増えている土地なら長い目で見た場合も安心できる

国 マンションだと、管理費、修繕積立金は毎月払わなくちゃいけないから、合計いくらになるのかは必ずチェックのこと。

中 それに、同じマンションの中で管理費や修繕積立金を滞納している人がいないかも要チェック。

国 それってどういう意味？

中 滞納が多いと、必要な修繕積立金が集まっていないことがあるの。そうすると、ホントはやらなくちゃいけない修繕が後回しになったり、できなかったり……。

国 そうなったら、**❹長い目で見る** と、物件の資産価値が落ちちゃう可能性があるよね。

中 そうなの。それに、そうしたルールを守らない人が多い物件を買うと、入居者同士のトラブルも起きやすいの。

国 一事が万事ってワケだ。

中 変な人、アブナイやつのいない物件を選びましょう。

物件価格が妥当かをチェックする方法

物件を紹介されたらすぐに行いたい相場価格との比較

物件を紹介してもらったら、最初にしたいことは物件価格が妥当かどうか。これを検証するには相場との比較が基本。その地域での平均的な価格が相場だが、それにほぼ合致しているようなら、第一関門はクリアというわけだ。その比較のためには、53ページでご紹介した東京カンテイの沿線ごとの中古相場がおおよその目安になる。しかし、このデータの場合、基本的にはファミリータイプが中心で、駅からの距離についてはは定めがないなど、大きく相場感を掴むには非常に有効だが、個別の物件について検証していくためには、多少弱い部分もある。そこで、ここでは実際の売買の情報を調べられる、国土交通省の土地総合情報システム（左ページ①）を利用してみよう。

これは住所、駅名あるいは路線で実際の取引情報を表示できるもので、例えば都道府県名、市区町村名を入れるとそのエリアの地図が表示される（②）。そこでさらに取引時期、土地の種類と取引の内容を入れる。土地の種類と取引の内容という項目ではマンションを選択する。すると、ある時期の該当エリアでのマンション売買の情報が一覧表（③）で表示される。そのうち、購入しようとする物件に近い条件の物件情報の詳細を見れば、物件価格が妥当かどうかが予測できるというわけだ。

◎中古物件の取引価格を調べる◎

●国土交通省の「土地総合情報システム」で調べる

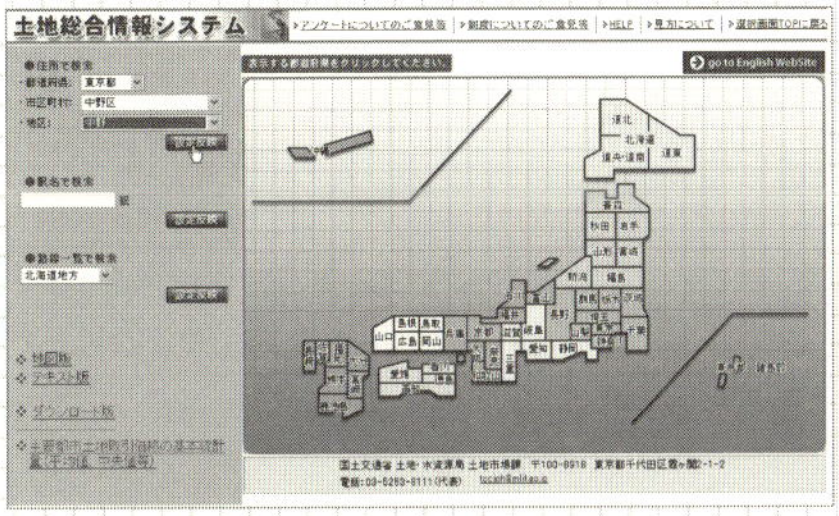

土地総合情報システム
選択画面トップ①

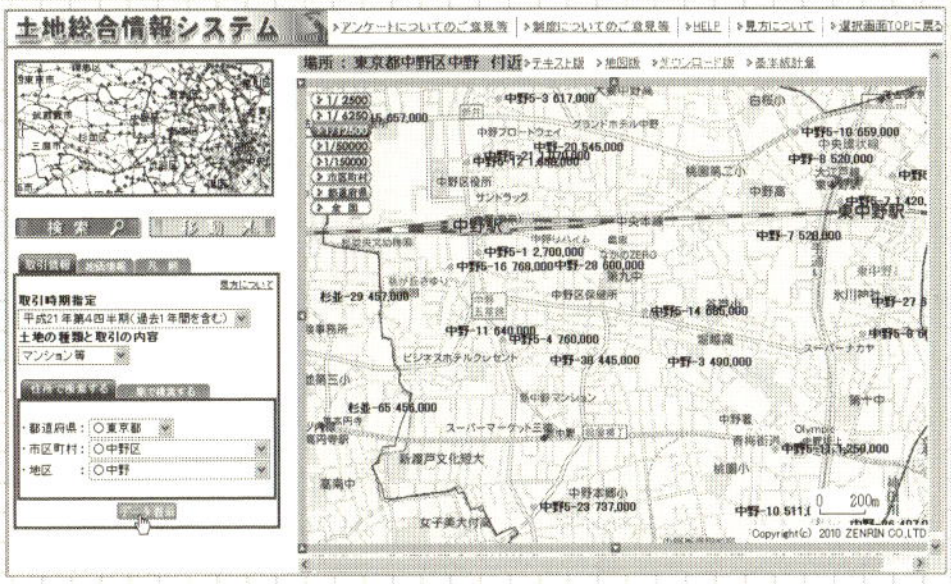

エリア画面②

不動産取引価格情報（地区単位）　見方について

平成20年第4四半期～平成21年第4四半期・東京都中野区中野・マンション等 ＜取引件数 146 件＞

事例件数：33 件中 1 件目 ～ 20 件目を表示中（1/2 ページ目）

No	住所	取引時期	取引価格（総額）	面積（m²）	建物の用途	建物の構造	間取り	建築年	最寄駅		用途地域	建ぺい率（%）	容積率（%）	地価公示	地価調査
									名称	距離（分）					
1	中野区中野	H21/10-12月	¥53,000,000	60	住宅	SRC	2LDK	平成6年	中野(東京)	4	商業	80	600	●	▲
2	中野区中野	H21/10-12月	¥39,000,000	55	住宅	RC	2LDK	平成7年	中野(東京)	12	1低専	60	150	●	▲
3	中野区中野	H21/10-12月	¥9,300,000	85	店舗	RC	事務所・店舗	平成5年	中野(東京)	9	1中専	60	200	●	▲
4	中野区中野	H21/10-12月	¥32,000,000	55	住宅	SRC	2LDK	昭和41年	中野(東京)	3	商業	80	600	●	▲
5	中野区中野	H21/07-09月	¥23,000,000	40	住宅	SRC	2DK	昭和47年	中野(東京)	3	1中専	60	200	●	▲
6	中野区中野	H21/07-09月	¥5,100,000	15	住宅	RC	1K	昭和60年	中野(東京)	10	近商	80	300	●	▲
7	中野区中野	H21/07-09月	¥8,500,000	20	住宅	SRC	1R	昭和57年	中野(東京)	4	商業	80	600	●	▲
8	中野区中野	H21/07-09月	¥10,000,000	20	住宅	RC	1K	平成4年	中野(東京)	4	近商	80	300	●	▲
9	中野区中野	H21/07-09月	¥85,000,000	120	住宅	RC	2LDK	平成5年	東中野	9	近商	80	400	●	▲
10	中野区中野	H21/07-09月	¥6,400,000	15	住宅	RC	1R	昭和60年	中野(東京)	10	近商	80	300	●	▲
11	中野区中野	H21/07-09月	¥6,900,000	30	住宅	RC	1DK	平成3年	中野坂上	8	1中専	60	200	●	▲
12	中野区中野	H21/04-06月	¥28,000,000	65	住宅	RC	1DK	平成17年	中野(東京)	11	1住居	60	300	●	▲
13	中野区中野	H21/04-06月	¥31,000,000	50	住宅	RC	2LDK	昭和62年	中野(東京)	4	1中専	60	200	●	▲
14	中野区中野	H21/04-06月	¥54,000,000	75	住宅	RC	2LDK	平成11年	中野(東京)	5	1中専	60	200	●	▲
15	中野区中野	H21/04-06月	¥44,000,000	90	住宅	S	3LDK	平成15年	中野(東京)	10	1中専	60	200	●	▲
16	中野区中野	H21/04-06月	¥22,000,000	40	住宅	SRC	2DK	平成7年	落合(東京)	9	近商	80	400	●	▲
17	中野区中野	H21/04-06月	¥10,000,000	30	住宅	RC	事務所・店舗	昭和51年	中野(東京)	3	近商	80	300	●	▲
18	中野区中野	H21/04-06月	¥53,000,000	75	住宅	RC	2DK	平成14年	東中野	9	1低専	60	150	●	▲
19	中野区中野	H21/04-06月	¥6,500,000	15	住宅	RC	1R	平成3年	中野坂上	8	1中専	60	200	●	▲
20	中野区中野	H21/01-03月	¥39,000,000	65	住宅	RC	2LDK	平成5年	中野(東京)	6	1中専	60	200	●	▲

1 2　次の20件>>

実際の取引情報一覧③

土地総合情報システム（http://www.land.mlit.go.jp/webland/top.html）では全国の取引情報が表示されるが、当然のことながら取引がなかった場所では何も表示されない。そうした場所は不動産の流通性が低いと考えられるので、全く情報のない場所での物件購入は避けたほうが無難。逆の意味でも指標になると考えてほしい。

●徹底的に調べるなら有料サービスを利用しよう

ここまで、無料のサービスを基本にしてきたが、いざ物件が決まってきた場合には、お金をかけて徹底的に調べる手もある。それが左ページで紹介している東京カンテイの「自分で調べるマンション価格調査」。同社がこれまで収集してきたマンションの価格情報を元に、自分が買いたい物件のこれまでの価格履歴、周辺マンションの価格履歴、周囲の賃料履歴が見られるというもので、売り出し価格については全国の、賃料については首都圏と近畿圏（2府4県）分のデータが参照できる。

賃料についてはいずれ中部圏も利用できるようになる予定。使い方、データ詳細については左ページで解説しているので、細かくチェックしてほしい。利用料金は売り出し価格＋賃料の場合で3800円（税別）。また、同社のホームページには無料で使えるデータも多数あるので上手に利用しよう。

◎無料で使えて役に立つ不動産情報◎

●東京カンテイが無料で提供しているデータ

マンションPERとは？	マンションの収益力を独自の指標で分析。地図になっており、駅ごとに見られる。高い収益が望める地域がひとめでわかる
2005年ワンルーム最新事情	2005年に取引されたワンルームマンションの平均価格、平均面積や特徴などが分かる。また、ここ数年の取引の推移も
新築マンション価格変動指数	1984年1月を100として、ファミリータイプの新築マンション価格を指数化。売り、買いのタイミングが読めてくる
70㎡換算・中古マンション価格推移	三大都市圏の中古マンションの価格を70㎡換算したもの。3ヶ月に1度更新されるので、最新の中古価格を知るのに役立つ

いずれも、東京カンテイ「マンション価格情報サービス」(http://www.nifty.com/kantei/)が提供している情報

◎売出価格、賃料相場を調べる◎

●東京カンテイの有料サービスの場合

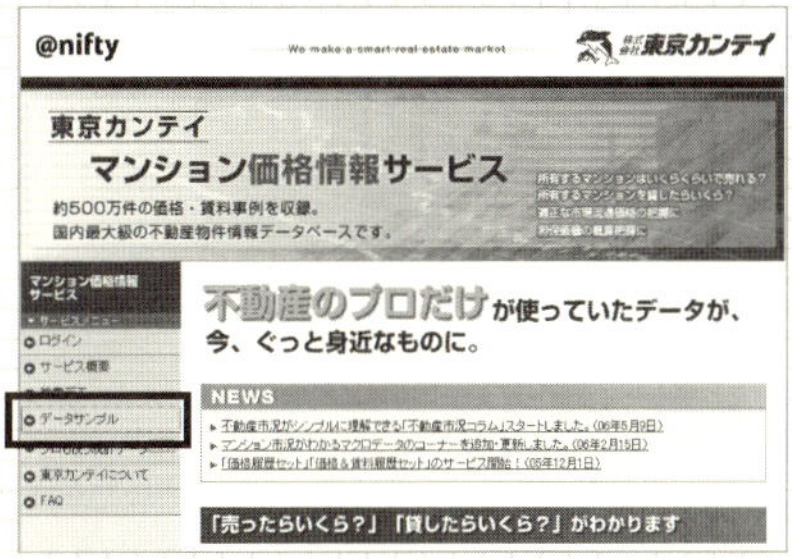

「マンション価格情報サービス」のトップページ(http://www.nifty.com/kantei/)。サービスの利用にはニフティのID(取得は無料)が必要だが、ここではどんな内容のサービスが受けられるかをみてみよう。左にある「データサンプル」の部分をクリックする

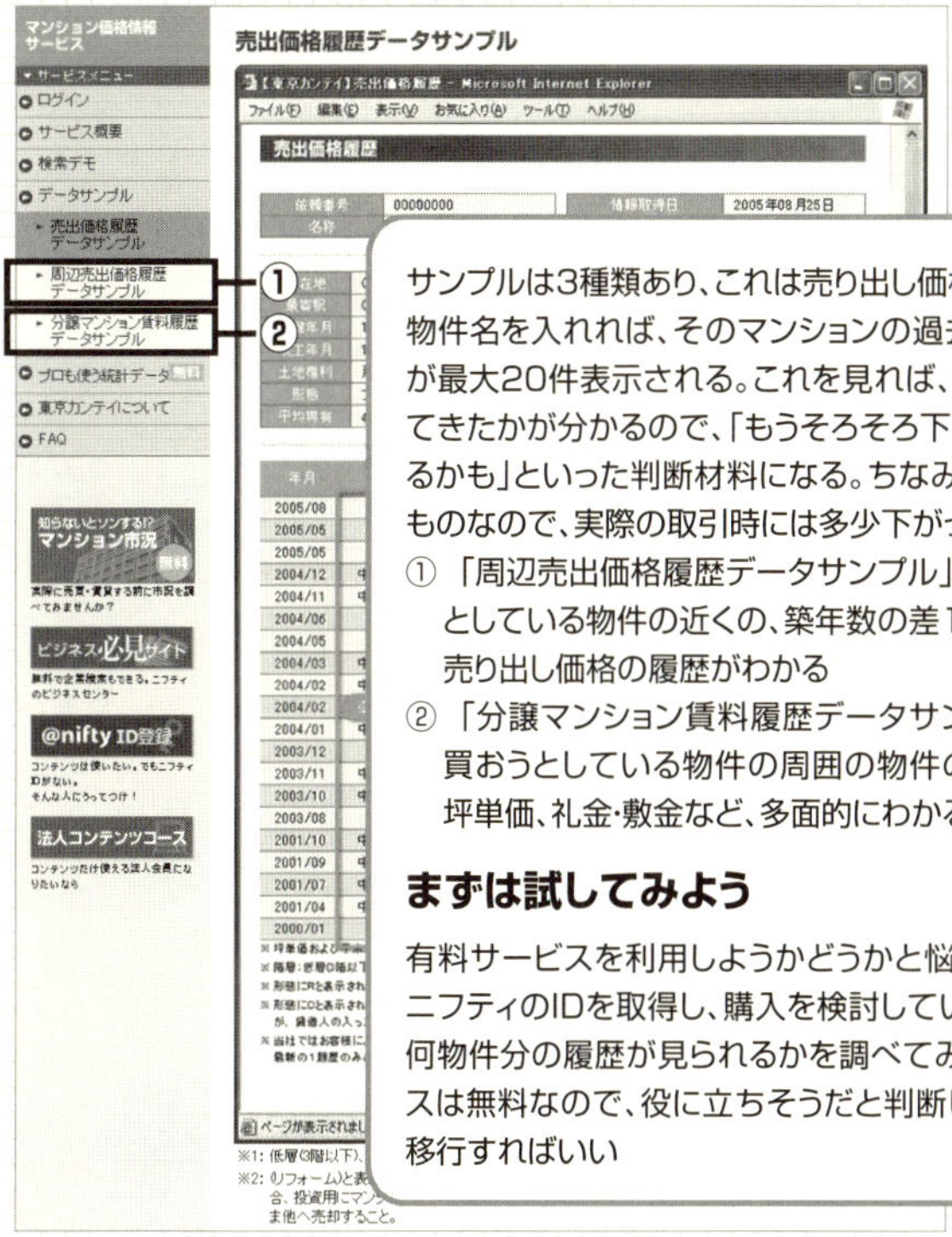

サンプルは3種類あり、これは売り出し価格履歴データのサンプル。物件名を入れれば、そのマンションの過去の売り出し価格の履歴が最大20件表示される。これを見れば、価格がどのように推移してきたかが分かるので、「もうそろそろ下げ止まり」「そろそろ上がるかも」といった判断材料になる。ちなみに、価格は売り出し時のものなので、実際の取引時には多少下がっていることもある。

① 「周辺売出価格履歴データサンプル」をクリックすると、買おうとしている物件の近くの、築年数の差10年内外のマンションの売り出し価格の履歴がわかる

② 「分譲マンション賃料履歴データサンプル」をクリックすると、買おうとしている物件の周囲の物件の賃貸条件が、専有面積、坪単価、礼金・敷金など、多面的にわかるようになっている

まずは試してみよう

有料サービスを利用しようかどうかと悩む場合には、とりあえず、ニフティのIDを取得し、購入を検討している物件名を入れてみて、何物件分の履歴が見られるかを調べてみよう。ここまでのサービスは無料なので、役に立ちそうだと判断してから有料サービスに移行すればいい

いくらで貸せるかを賃貸情報サイトで調べる

最新の市場動向と照らし合わせて、賃料を検討しよう

次にいくらで貸せるかを精密に調べよう。相場自体は92ページで調べてあるとはいえ、こちらも実際の物件に合わせて、地元の情報を細かく見てみる必要がある。そこで役に立つのが、部屋を借りる人向けの情報サイト。その時点で最新の市場動向が分かるわけだから、コレを利用すれば、最も確実に家賃相場をチェックでき、これから買おうとする物件がいくらくらいで貸せるかを予測できるのだ。

さて、左ページで例に挙げたのはリクルートの賃貸情報サイト、フォレント。掲載されている物件数が多い、掲載の基準が明確で怪しい会社が少ないなど、信頼度が高い点がおすすめの理由。もちろん、他にも同様のサイトがあるので、いくつか比べてみるのも手だ。また、ネット上だけでなく、情報誌を買ってきて誌面で確認してもいい。

相場情報を見るときには、左ページで挙げるように、駅からの所要時間、築年数、㎡数、物件の設備などから、できるだけ類似している物件を探し、その価格をチェックするわけだが、ここで特に注意したいのは駅からの方向。同じ駅から徒歩5分でも南口と北口では相場が異なることが多い。地図を見ながら、駅からの方向を確認した上で、所要時間をチェック、家賃確認をしよう。

◎家賃相場を調べる◎

●リクルート「フォレント」の場合

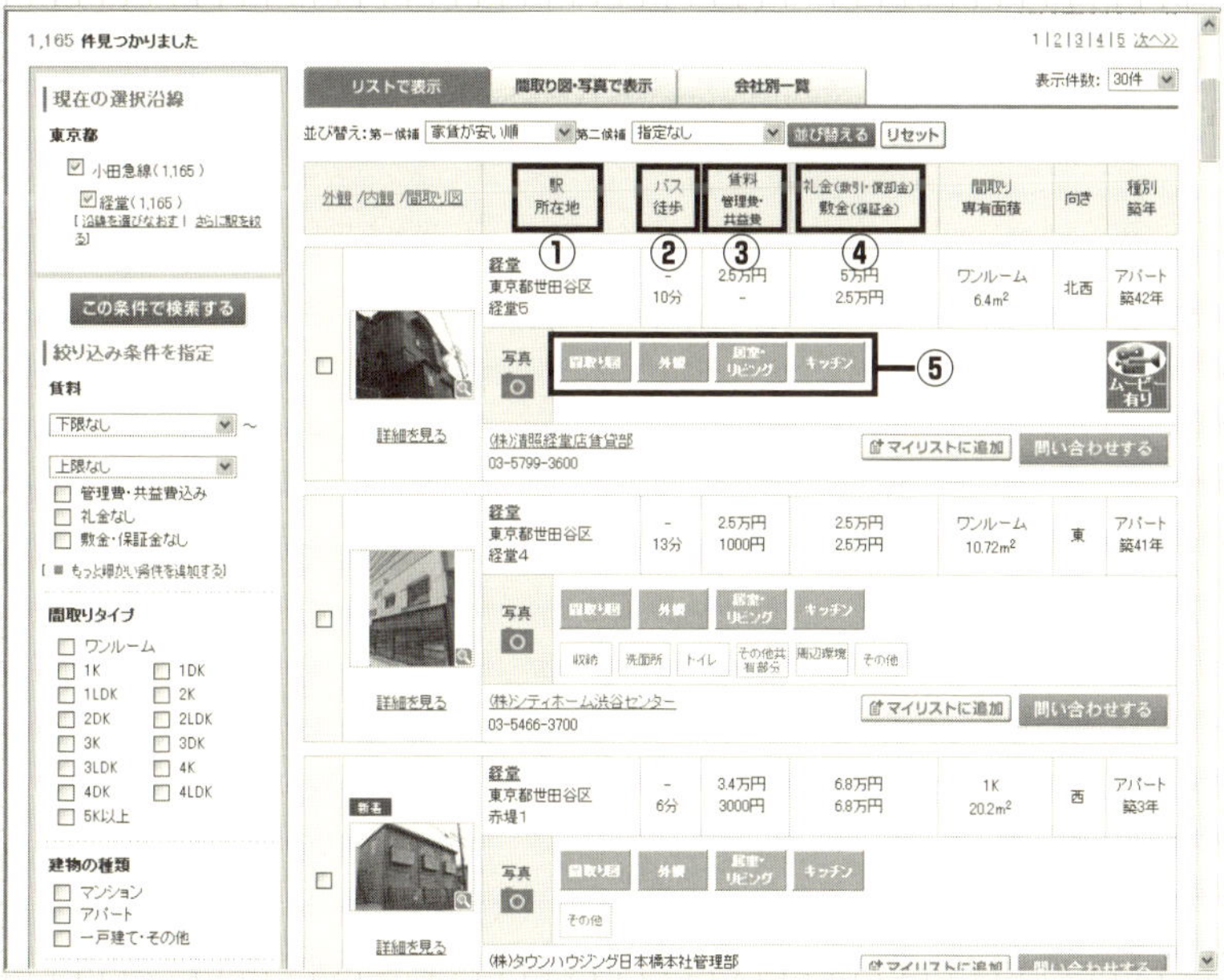

検討中の物件と似た物件を探し、家賃設定の参考にしよう

① ここでは丁目までが表示される。地図で駅からの方向を確認、同じ地域かどうかを見る
② 駅からの所要時間。できるだけ近い場所で比べる
③ 賃料、管理費、あるいは共益費は借りる人が毎月支払う額。大家さんが払う管理費とは別に設定されていることが多いので、合計がいくらかを見ておく
④ 礼金・敷金、保証金、初期費用、敷引きなどについては次ページで詳説する
⑤ 間取図、写真が掲載されている場合は、ここをクリックすると見られる。同じ面積でも間取りが違えば賃料が異なる場合もあるから、間取図は必ずチェック。写真は外観、室内のいずれかが掲載されていることが多い。広さ、築年数に留意し、下見に行く物件と比較しよう

トップページ（http://www.forrent.jp/）から地域（ここでは「関東」）を選択し「沿線から探す」で「東京」をクリック。さらに「小田急線」の「経堂」のワンルーム物件を検索した場合の画面

●礼金・敷金は必ず相場をチェック

首都圏在住であれば、礼金・敷金という言葉を聞いたことがあるはず。礼金は慣習として大家さんに部屋を貸してもらうことへの謝意として払うもので、大家さんは返却しなくてよい。敷金は入居時に家賃の滞納時や室内を汚したりした際の担保として預けておくお金で、滞納がなく、故意・過失による汚損、故障などがなければ返還しなくてはいけない。ただし、利息をつける必要はない。

数年前までは礼金・敷金ともに家賃の2カ月分というのが首都圏での相場だったが、ここ2年～3年、礼金は都心部や人気沿線、人気エリア以外では1カ月あるいはゼロと減少している。敷金はまだ2カ月が主流だが、地域によっては1カ月ということもある。これらの動きが意味するのは、地域によって、契約時に大家さんにいくら入るのかが変わってきているということ。礼金が2カ月取れる地域であれば、当然、家賃収入はその分増える。が、ゼロの地域であれば、まったく入らない。このように、礼金・敷金がいくらの地域なのかは、その後の経営に大きく影響してくるので、相場を調べるときには同時にチェック。それらも考えに入れた経営計画を立てる必要があるのだ。

ちなみにフォレントの物件情報で、敷金の項に記載されている保証金は敷金とほぼ同様の意味。関西地方ではこの名称で呼ばれることが多い。敷引きもやはり関西地方独自の慣習で退去時に部屋の原状回復のために敷金あるいは保証金から差し引かれる額のこと。償却金もほぼ同じ意味と考えておけばよいだろう。契約時の必要費用は地域により、慣習が異なるのでその場所の通例に従って考えていこう。

●現地不動産会社でも調べてみる

ネットや情報誌上で調べるだけではなく、現地の不動産会社で聞いてみることも有効な手段。でも、どうやって?と思う人も多いだろう。簡単なのは、地域で物件を探しているという言い方で相場を聞いてみること。自分の買おうとしている物件を見に来たという説明をすれば、教えてもらえるだろう。必ず聞きたいことは、地域の相場。同じような立地、広さ、築年数の物件ならいくらいか。管理費や礼金・敷金の相場などについて教えてもらいたいところ。

また「このあたりで探す人は社会人が多いんですか?」「このあたり、ワンルームが多い地域なんですか?」「アパートだといくらくらい安くなるんですか?」など、地域の特性についても聞けるだけ聞いておきたいもの。社会人が多い場所のほうが学生が多い地域より家賃を高めに設定しやすいし、ワンルームが多い地域なら競争はあるものの、探す人も多いことが分かる。また、マンションとアパートの価格差が大きい地域ほど、マンションが有利になる。

土地勘のない、知らない土地であれば、「このあたりは便利ですか?」と周辺情報を聞いてみても。その際には最初の質問は抽象的に「便利ですか?」でもいいものの、できれば以降は「コンビニやスーパーはどこにあるんですか?」など、具体的に聞いてみることをお勧めする。また、購入後、地元の不動産会社に仲介、管理をお願いしようと考えているなら、「このあたりで不動産投資をしようと思っているんです」と相談を持ちかけて、同様に聞いてみても。

店内に入るのに気が引けるようなら、店頭の張り紙をチェックするだけでもいい。店頭にチラシやパンフレットなど、地元の物件情報を掲載した印刷物をもらってくる手もある。

マンション全体の収支もチェック

バカにならない管理費、修繕積立金。滞納にも注意が必要

価格も妥当、ちゃんと家賃がとれると分かっても、まだ安心はできない。次に確認したいのは、マンション全体の収支だ。まずは管理費や修繕積立金。これは所有権を持っている人が毎月払わなくてはいけない費目で、管理費は建物全体の電気代、水道代や管理員さんの給料、清掃代など日常的な管理に関わる支出のために使われる。修繕積立金は建物の手すりや外壁を塗り替えたり、防水工事をするなど、建物の修繕のために使われる。使い道は異なるものの、建物を住みやすく保ち、また、資産価値を長くキープするためには欠かせない支出だ。まず、押さえておきたいのは、それぞれが毎月いくらかということ。実利回り、厳密な利回りを試算するためには、この数字が絶対に必要なのだ。

そこで気になるのは、それぞれ、いくらが適正かということ。気になるのは当然なのだが、残念ながら、これは物件次第としか言いようがない。例えば、管理費は管理の形態で大きく異なる。

24時間常駐管理であれば、住民は安心だし、賃貸に出しても安心料分、家賃は高く設定できるが、その分管理費は高くなる。その他、敷地内にどんな設備があるかで電気代や電球代など細かい部分にいたるまで差が出てくるので、◎円だったら妥当という目安を示しにくいのだ。ただ、25㎡以内の、

ごく一般的なワンルームマンションで、管理費が1万円以上、修繕積立金が1万円1万5000円以上の場合は、通常よりもかなり高めなので、それぞれの支出の使い道について不動産会社に細かく聞いてみる必要がある。

●管理費・修繕積立金の滞納も確認事項

管理費、修繕積立金については、他の人がちゃんと支払っているかどうかも確認したい。自分が払っていても、他の多くの人が払っていなければ、お金がなくて、きちんと修繕ができないということが考えられるからだ。これについては、管理組合が総会の際に用意する決算資料に記載があるので、不動産会社にお願いして見せてもらおう。ただし、物件を紹介してもらった時点では見せてもらえないことも多い。その場合には、いつになれば見せてもらえるかを質問、できるだけ早い時点で見せてもらうようにしよう。決断のために必要と伝えれば、可能な限り、早めに用意する努力をしてくれるはずだ。

また、中古の場合には大規模修繕の有無、予定の確認も大事。大規模修繕とは建物の外壁や屋根の防水など、建物全体に関わる修繕のことで、たいていは10年に一度実施されることになっている。もし、買おうとしている物件が築10年なら、その修繕がこれから行われるのか、すでに行われたかは、管理が適切に行われているかどうかの指標。10年経っているが、いつ行われるか、予定が立っていないのなら、計画通りの管理がされていない可能性がある。また、すでに行われているなら、余分な出費の心配はないが、これから行う場合は一時金を徴収される可能性もある。

この場所の将来性は？

人口の増減からわかる「地域の将来性」も重要な要素だ

最後に確認したいのは、物件のある場所が将来的にも成長の見込みのある、人口が減らない場所、入居者が見込める場所なのかどうか。そのための基本的な指標が人口。どんどん減っているようでは、街の活気がなくなり、住みたい人も減ってしまう可能性があるからだ。

場所がすでに分かっているわけだから、調べるべきは該当する自治体のホームページ。ここでは渋谷区のデータを見るとして、その見方を解説する。ここで注意していただきたいのは、自治体ごとにデータのある場所が異なるということ。例で挙げた渋谷区の場合は統計資料というデータがまとめられた項目があるので、そこから探していったが、中野区の場合は区政案内の中に「数字で見る中野」と統計をまとめた部分があり、そこから区の人口動向の概論や町丁目別人口、世帯数などを見ていくことになる。いくつか、実際に検索してみれば、おおよそ、どこにあるかは分かってくるはずなので、とりあえずは慣れるようにしよう。

また、自治体名と人口推移の2語で検索エンジンから検索をかける手もある。この方法だと、地域の人口動態についての論文などがひっかかることがあり、思っている以上に深い情報が得られる可能性を得られる可能性もあるので、一度試してみていただきたい。

◎地域の人口動向を細かくチェック◎

●国勢調査の概要（渋谷区の場合）

6 調査結果の概要

平成12年国勢調査（平成12年10月1日現在）による渋谷区の人口は、196,682人で、5年前(平成7年国勢調査人口188,472人)に比べ8,210人の増加となっている。

区内人口は、昭和40年（283,730人）をピークに以後減少を続けていたが、今回は対前回比4.36%の増である。この増加率は、東京都23区部において、中央区の13.46%、港区の10.02%、江戸川区の5.18%についで4番目である。

区内の人口増減を町丁別にみると、恵比寿1丁目、笹塚2丁目、代々木4丁目で500人を超える人口増であるが、広尾4･5丁目においては、300人以上の人口減など、およそ30地域において人口減がある。

男女別では、男性94,295人(前回89,507人) 女性102,387人(前回98,965人)で、前回同様、女性が男性よりも多い。女性100人に対する男性の割合は92.10人(前回90.44人)となり、男女人口の差は縮小した。

区全体の人口密度は、13,016.7人/平方キロメートル(前回12,473.3人/平方キロメートル)で、前回よりも543.4人/平方キロメートル増加している。

世帯数は、5年間のうちに12,012世帯が増加し106,433世帯となったが、一世帯あたりの平均世帯人員は1.85人(前回2.00人)へと減少を続けている。

http://www.city.shibuya.tokyo.jp/tokei/01kokucyo.html

画面は、渋谷区の人口がどう変化してきたかの概要を解説した文(国税調査の概要)。渋谷区のウェブサイト(http://www.city.shibuya.tokyo.jp/)から「統計資料」→「統計渋谷」→「国勢調査(指定統計第1号)」で表示できる。

●人口、世帯数の推移

	A	B	C	D	E	F	G	H	I	J	K	L	M
1	渋谷区町丁目別男女別人口及び世帯数(平成12年)												
2												平成12年10年1日現在	
3	地域	平成12年国勢調査							平成7年国	平成7年国勢調査人口		平成12年国勢調査	
4		人口			人口総数に	面積	人口密度	性比	人口	増加数	増加率(%)	世帯数	
5		総数	男	女	(%)	(平方km)	(人／平方	女性100人に対する男性数					
6	総数	196682	94295	102387	100	15.11	13016.7	92.1	188472	8210	4.36	106433	
7	恵比寿1丁	3022	1380	1642	1.54	0.17	17776.5	84.04	2350	672	28.6	1694	
8	恵比寿2丁	3681	1654	2027	1.87	0.19	19373.7	81.6	3235	446	13.79	2050	
9	恵比寿3丁	4190	1945	2245	2.13	0.2	20950	86.64	3801	389	10.23	2346	
10	恵比寿4丁	2167	1031	1136	1.1	0.17	12747.1	90.76	2240	-73	-3.26	1315	
11	広尾1丁目	2401	1141	1260	1.22	0.13	18469.2	90.56	2307	94	4.07	1369	
12	広尾2丁目	2001	921	1080	1.02	0.16	12506.3	85.28	1842	159	8.63	890	
13	広尾3丁目	2213	1048	1165	1.13	0.16	13831.3	89.96	2058	155	7.53	1093	
14	広尾4丁目	3179	1293	1886	1.62	0.25	12716	68.56	3491	-312	-8.94	1501	
15	広尾5丁目	3448	1509	1939	1.75	0.15	22986.7	77.82	3823	-375	-9.81	1783	
16	東1丁目	1910	995	915	0.97	0.16	11937.5	108.74	1558	352	22.59	1133	
17	東2丁目	2778	1261	1517	1.41	0.16	17362.5	83.12	2908	-130	-4.47	1513	
18	東3丁目	1853	863	990	0.94	0.15	12353.3	87.17	1808	45	2.49	1067	
19	東4丁目	763	365	398	0.39	0.13	5869.2	91.71	766	-3	-0.39	377	
20	恵比寿南1	923	425	498	0.47	0.08	11537.5	85.34	984	-61	-6.2	553	
21	恵比寿南2	1662	772	890	0.85	0.09	18466.7	86.74	1545	117	7.57	915	
22	恵比寿南3	1286	597	689	0.65	0.09	14288.9	86.65	1366	-80	-5.86	662	
23	恵比寿西1	1880	832	1048	0.96	0.13	14461.5	79.39	2020	-140	-6.93	951	
24	恵比寿西2	2139	972	1167	1.09	0.09	23766.7	83.29	2150	-11	-0.51	1130	
25	代官山町	1772	816	956	0.9	0.1	17720	85.36	1390	382	27.48	916	
26	猿楽町	2079	925	1154	1.06	0.16	12993.8	80.16	2082	-3	-0.14	961	
27	鉢山町	959	457	502	0.49	0.11	8718.2	91.04	902	57	6.32	431	
28	鶯谷町	1327	635	692	0.67	0.11	12063.6	91.76	1343	-16	-1.19	633	

同じく「国勢調査(指定統計第1号)にはダウンロードファイルも用意されている。画面は、「町丁目別男女別人口及び世帯数(平成12年)」(h12p01.csv)をダウンロードして、エクセルで開いた状態。その地域での人口と世帯数の推移がわかる。

●最新の状況を調べるには？

住民登録/外国人登録人口

関連ページ：住民基本台帳・外国人登録による人口

今月の住民登録人口/外国人登録人口

平成18年5月31日現在

種別	世帯数	人口	男	女
住民登録人口	116,730	197,526	94,076	103,450
外国人登録人口	-	11,218	6,077	5,141

月別住民登録人口推移

月別住民登録人口推移

年月日(現在)	世帯数	人口	男	女
平成18年4月30日	116,528	197,289	93,976	103,313
平成18年3月31日	115,391	196,198	93,238	102,960
平成18年2月28日	115,085	196,198	93,366	102,832
平成18年1月31日	114,983	196,206	93,375	102,831
平成17年12月31日	114,815	196,029	93,287	102,742
平成17年11月30日	114,659	195,909	93,255	102,654
平成17年10月31日	114,551	195,877	93,219	102,658
平成17年9月30日	114,454	195,815	93,140	102,675
平成17年8月31日	114,358	195,713	93,073	102,640

最新の数字を見るなら(国勢調査は5年ごとの実施)、上記「統計資料」の「人口・世帯・土地」の項目で「住民登録/外国人登録」をクリック。最新のデータが出てくる。

http://www.city.shibuya.tokyo.jp/kusei/statics/base/jumin.html

●再開発や道路計画などもチェック

将来性を占うという意味では再開発や道路計画などを調べることも大事。すでに具体的な工事などが行われている場合は現地に行ってみれば分かるはずだが、それ以前の計画であれば、現地の不動産会社には必ず聞いみたい点。自治体のホームページ、あるいは街の紹介ページなどで掲載されていることもあるので、そうしたページのチェックもお忘れなく。お勧めは左のページで挙げたリクルートの不動産・住宅サイト「スーモ」、生活ガイド.COMの2つ。それぞれに異なる情報が得られるので、両方に目を通してみると、その場所の現状、将来性などが数字の向こうに見えてくる。

●商店街のホームページからも活気が読める

もうひとつ、チェックをお勧めしたいのは地元の商店街のホームページ。最近ではほとんどの商店街が自前のホームページを作っているが、そのレベルにはかなりの幅がある。いくつか見比べてみると分かるが、商店街の活気とホームページのできの良さには密接な関係がある。シャッター商店街と呼ばれるようなやる気のない商店街が、消費者の役に立つようなホームページを作れないのは当然といえば当然だろう。

さて、一番てっとり早いチェック方法は更新履歴。1カ月以上も更新されていないようではやる気なしと思われる。コンテンツでは商店街の地図、店のリストは基本中の基本。それに加えて、各店のページや商店街周辺の駐車場情報、地域の公共施設紹介などがあれば、それなりに工夫していると見ていい。

◎街の情報を調べる◎

●リクルート「スーモ」

スーモ全国版(http://suumo.jp/jj/common/top/JJ901FA001/)から例えば首都圏を選択すると、首都圏トップページ下部に「住みたい街を見つけよう」というコーナーがあるので、そこをクリックし、行政区、路線・駅から街を表示させる。ここで中央線、高円寺を選んでみたのが、上の画面。駅によって情報量に差があるものの、街の雰囲気や住んでいる人の声、駅周辺の地図などが表示され、物件検索もできるようになっている。

●「生活ガイド.COM」

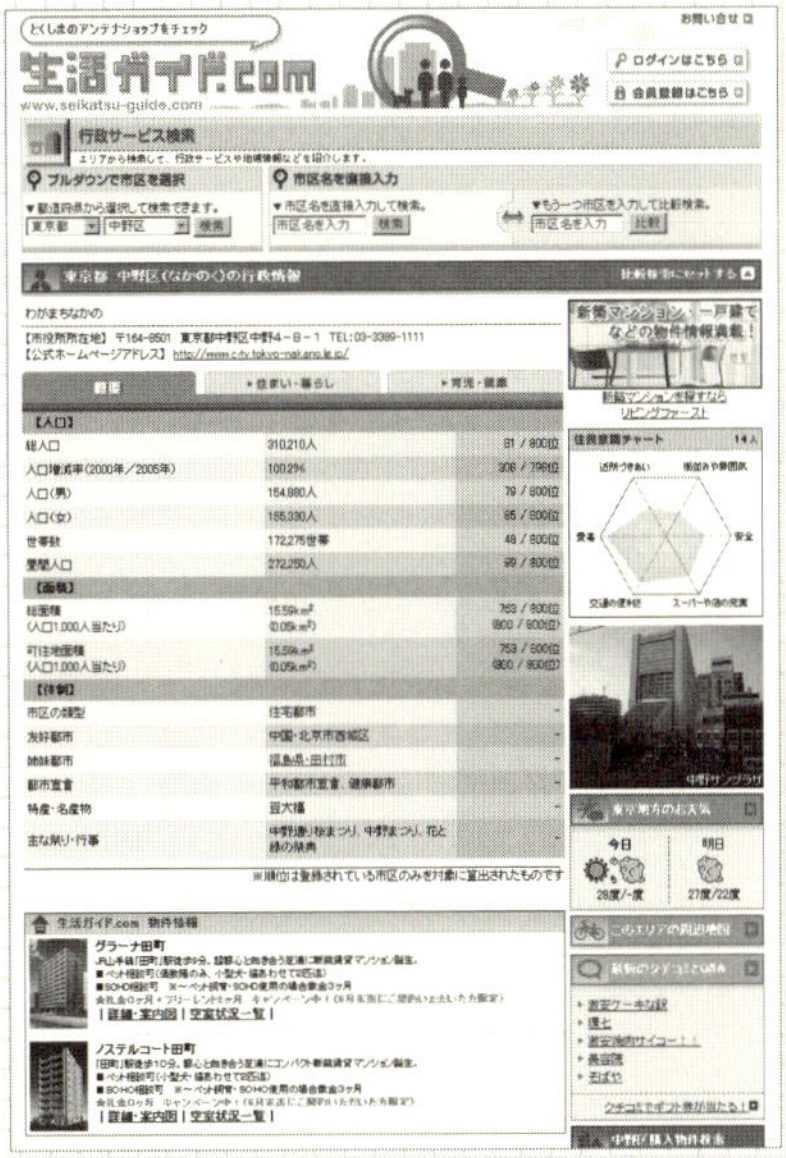

47都道府県、778市区の情報が検索できる「生活ガイド.COM」。トップページ(http://www.seikatsu-guide.com/)で、市区を選択、あるいは市区名を直接入力する。例は、東京都中野区の場合。
内容は大きく「概要」「住まいと暮らし」「育児と健康」に分かれており、投資家に役立つのは人口などが書かれている「概要」。「住まいと暮らし」には公共料金や火事・事件などの発生件数、一人当たりの公園面積などが、「育児と健康」では保育園の数や医療費助成の条件などがまとめられている

コラム

宅建の参考書は買いだ！

「やるからには、きっちり勉強しようじゃないか」という人にお勧めなのが
宅建（宅地建物取引主任者資格試験）の参考書だ。
初心者向けに分りやすくまとめられているので、
不動産の知識ゼロという人でもＯＫ。
不動産会社訪問の前に用語解説を読んでおくだけでも、
「できるヤツ」と思われるはず。
全部を読む必要はないが、
最低でも売買・売主の担保責任、買戻しの特約、
借地権、都市計画、建物と道路との関係などの項目は
損得に大きく関わるので、一読しておこう。
価格は３０００円前後で、内容の充実度からすると、リーズナブル。
書店の資格コーナーなどには必ず何種類かあるから、
読みやすそうな１冊を選ぼう。
ただし、資格取得が目的ではないから、
間違っても想定問答集は買わないこと。

第5章

物件そのもののチェック

建物の強度、管理の具合、入居者のマナーを調べよう！

110ページ～

❶建物そのもののチェック

素人にも建物強度はある程度チェックできる。ちょっとしたコツを覚えてから下見に行こう

122ページ～

❷建物の周辺環境

現地に足を運んだ際には、建物だけでなく、周辺もブラブラ歩いてみること。ポイントは、足回り、利便性、防犯の3つだ

この章のキーワード ＆ イントロダクション

国房敬一郎（国）＋中川寛子（中）

国　投資に限らない話だけど、マンションの購入では、**❶建物そのもののチェック**が絶対に必要。それと、**❷建物の周辺環境**も。

中　そうね。でも、驚くことに、一度も現地に行かずに購入を決める人もいるのよ。

国　まさかぁ。

中　まさか、じゃないの。ホントの話よ。

国　そんなんじゃ、満足できる物件が買えるワケない。

中　その通り！　投資の場合、**❸室内**が見られないことも多いけど、絶対に現地には行ってみること。

国　現地に行って、はじめて分かることがいろいろある。

中　特に中古は、同じ築年数でも、**❹手入れ次第**で建物の状態が大きく違うもの。築年数だけ聞いて安心したり、不安に思ったりしても意味がない。とにかくにも現地で確認しましょう。

国　そうそう、築10年でも、全然そう見えないほどキレイな建物があるかと思

118ページ〜

❸室内

リフォームに備えるためにも、可能なかぎり丁寧に室内の様子を診断しよう。設備以外にも、大事なポイントがたくさんある

114ページ〜

❹手入れ次第

マンションの資産価値を維持するには、正しい手入れが不可欠。また、入居者に与える第一印象もコレに左右される

えば、逆に、築5年なのに「もうこんなになっちゃってんの?」って感じの建物があったり。

中 人間と同じね。20歳過ぎると、同い年でもおっさんになっちゃう人と、そうでない人がいるからね。

国 ……。

中 えっと、建物以外でも見ておかなくちゃいけない点はいろいろあります。

国 自分が住むつもりでチェックすれば、入居者にウケる物件が選べるハズ。

中 そうね。その意味では例えば、最近は防犯面を気にする人が増えているので、夜、歩いて確認するのもいいかもしれません。

国 夜行くと、入居者がどのくらいいるかも分かるからね。あ、でも、あんまり長い時間建物の周りをうろうろしているとアブナイ人に間違われるので気をつけましょう。

中 経験あるの?

国 ……。

建物の強度を判断するためのチェックポイント

地盤・敷地形状・ひび割れからわかる建物の頑丈さ

耐震偽装問題以降、建物の強度には関心が高まっているものの、全く建築などの知識のない人間にはどこを見ればいいのかすら分からないのが現実。すでに建っている物件では鉄骨の量や本数など、分かるはずもない。

しかし、建物の強度は鉄骨だけによって支えられているのではない。建物の形状そのものやコンクリートや、建築後のメンテナンスなども強度の大きな要素であり、そうしたものの一部は私たちでも見ることができるし、判断もできる。そこで、ここではそうした目に見えるものから建物の頑丈さを見ていこう。

まず、気にしたいのは建物が建っている場所。地盤がしっかりしている場所のほうがいいのは当然。そのためには古くから住宅地などとして開発されてきた地域で、傾斜地以外が◎。傾斜地の場合には、土を削って建てたものか、盛って建てたものかを確認する。盛って建ててある場合は強度を考えた基礎工事が行われたかどうかを聞いてみる。

建物の形状では長方形の、いわゆる羊羹型のマンションが地震には最も強いと言われている。1階に駐車場がある物件は1階部分の壁の分量が少なくなっていないかを現地で見る。壁の分量が少ないと、地震時に上階の重みに耐え切れない可能性があるのだ。

建物が道路から下がって建てられている場合には雨水が建物内に流れ込んだことがないかを聞いてみる。1階部分が半地下になっているような物件では、1階は室内がじめじめ、湿っぽく、かびやすい場合もあり、避けたほうが無難。

●非常階段を見れば建物の良し悪しが分かる

建物では外壁や土台などに目につくひび割れがないかをチェック。道路に面した建物外部だけではなく、裏側や非常階段なども忘れずに見よう。特に非常階段はいつも使われていない場所なので、コンクリートにひびが入っていても放置されやすく、チェックには好適な場所だ。階段そのもののチェックはもちろん、上り下りしてみて外壁をチェックすることもお忘れなく。ひび割れだけではなく、タイルの剥げ落ちも見ておきたいポイントだ。

非常階段では鉄部も見ておこう。階段そのものが鉄製の場合は階段を、それ以外なら手すりが錆びていないか、ペンキのはげ落ちが放置されていないかなどをチェック。

駐車場やゴミ置き場の天井も見ておきたい場所。たいていの場合、コンクリートがむき出しになっているので、ひびの確認がしやすいのだ。また、最近ではアスベストの問題もある。天井表面に綿状のものが吹き付けられていたら、可能性があるので、不動産会社などに確認しよう。

また、上がれるようなら屋上に上がって、きちんと防水加工が施されているかを見る。これは表面に塗られたペンキあるいはゴムのように見えるもの。めくれ上がっていたり、剥げていたら要注意。いつ、防水工事を行ったかを確認、雨漏りが発生していないかを不動産会社に聞いてみよう。

●1階に店舗が入っている場合の注意事項

いわゆる下駄履きマンションと呼ばれる、1階に店舗が入っているマンションの場合、注意したいのは所有形態と店舗の種類。

まず、所有形態では店舗がそこを借りて入居しているのか、あるいは所有しているのか。所有している場合ならいいが、問題は、店舗が、管理組合からその場を借りて営業している場合。その場合、店舗からの賃料収入は管理組合に入る。経営が順調ならいいのだが、もし、不振で退去してしまったら、管理組合の収入が減り、ひいては管理計画に支障をきたす可能性がある。管理組合が貸している場合には、店が順調かどうかを周囲に聞くなどして確認してみよう。

次に入っている店舗の種類。単身者向きのワンルームということを考えると、単身者にとってウレシイ店舗であれば、問題はない。逆にコンビニが1階に入っているような場合は、物件の売りにもなるので、歓迎してもいいほど。ただ、店の上階に部屋があるなど、あまりに近い配置だと、深夜の納品などがうるさいと苦情になることもあるので、部屋との位置関係には注意が必要だ。

問題は飲食店などの場合。強烈な匂いがする、あまり清潔ではない、害虫が出る、音がうるさい、などの可能性があるので、現地で匂い、音の聞こえ方、営業時間などを確認、一般的に許容される範囲かどうかを判断しよう。

このとき、店の表側だけではなく、忘れずに裏側も見てこう。というのは、店舗の清潔度は裏口やゴミ置き場に表われるもの。そこが整理整頓されていれば、問題はないはずだ。

◎現地では建物のココをチェック！◎

●建物の立地

□地震に強い、強固な地盤の上に建てられているか？

（これについては各自治体が地震防災マップなどを作っているので、そうしたものを調べてみるのが最も確実。同時に延焼の可能性などを知ることもできる）

□傾斜地に建っていないか？

（傾斜地の場合で、しかも、盛り土で作られている場合は注意）

□周囲から低い場所に建っていないか？

（1 階部分が半地下状になっている、建物の敷地が道路より低い場所にある場合には雨水が流れこむ、または、部屋が湿っぽくなる可能性がある）

●建物形状など

□建物は長方形か？

（クの字やコの字など変形な建物は地震時にひずみを生じやすく、壊れやすい）

□建物 1 階の壁の量は足りているか？

（1 階が駐車場になっているなどで、壁が少ない場合には地震で倒壊する危険がある）

●建物そのもの

□土台、外壁に目につくようなひび割れがないか？

（外壁に妙な形の雨の後がある場合も要注意。雨漏りがあった可能性がある）

□外壁がタイルの場合、剥がれ落ちている場所はないか？

（または、それが放置されたままの場所がないか？ 建物内の廊下の P タイルも同様。剥がれたり、欠けたりしたまま放置されているような物件は避けたい）

□駐車場の天井などでアスベストが使われている場所はないか？

（コンクリートがむき出しになっている場所はチェックしやすいので、建物内でそうした場所があれば必ず見ておく）

□非常階段などの鉄部が錆びていないか？

（錆びと同時にペンキの剥げ落ちも見ておく。非常階段が鉄製の場合、錆びが放置されていると、非常時に役に立たず、恐ろしいことになる）

□屋上の防水は機能しているか？

（ペンキあるいはゴムのように見える部分が剥げたり、浮いたりしていたら危険。また、屋上への扉は鍵がかかっているのが基本。管理員さんに開けてもらうことになる）

管理は行き届いているか？

ぱっと見の印象アップも、資産価値の維持もこれ次第

管理は建物を長持ちさせ、資産価値をキープするだけでなく、入居者に快適な暮らしを約束する。だから、管理が適切に行われている物件なら、大家さんとしても安心。できるだけ、管理状態の良好な物件を選ぼう。

そのために、まず、大事なのは第一印象。ぱっと見たときの印象が暗い、荒れている、汚いなどといった物件はそれだけでダメ。部屋だけが汚いなら、手を入れられるが、全体が汚れている場合は手の打ちようがない。最初に訪れたときにネガティブな印象を受けるようなら、その物件はそこで諦めたほうがいい。

第一印象はまずまずという場合、次に見たいのはエントランス。オートロックの場合にはきちんとエントランスドアが閉められていて、オートロックが使われているのが基本。時に面倒だからと解除されているところがあるが、そうした物件は防犯上の問題があるので避けたほうがいい。

エントランスでは清掃が行き届いているか、照明が切れていないか、集合メールボックスに投函されたチラシ類がそのままに放置されていないかなどを見る。汚い、散らかっている状態でなければＯＫだ。

エントランス周辺には管理員室があるはずなので、そこも覗いてみる。最近の大型マンションでは管理員、あるいは警備員が24時間常駐という例もあるが、ワンルーム主体の物件では昼間だけ管理員がいる、あるいは定期的に巡回してくるという管理形態が主流。どちらの管理形式か、また、巡回の場合には週に何回、何時間巡回しているのかは管理員室に掲示されているので、それを確認、週に3回程度は巡回している物件を選ぼう。

また、もし、現地を訪れたときに管理員がいたら、作業の邪魔にならないように注意しながら、話を聞いてみるのも手。どんな人が住んでいるのか、居住者間にトラブルはないか、ゴミ出しや駐輪場の置き方などでルールを破るような人がいないかなど、外から見ているだけでは分かりにくい点を教えてもらえるはずだ。

続いて共用廊下や階段、エレベーターなどを見ていく。いずれもポイントは清掃や照明など。電気が切れたままになっている箇所があったり、廊下の隅に埃がたまっていたりという物件は×だ。

続いて敷地内にある施設を見る。ゴミ置き場や駐輪場、駐車場は物件のセールスポイントとなる場所だが、乱雑にゴミが詰まれていたり、自転車が置きっぱなしになっているようでは逆効果。きちんと整理されているか、ルールが守られているかを意識して見てみよう。

共用玄関以外に出入り口があるようなら、そこも確認。防犯上はこうした出入り口にも鍵が欲しいところなので、有無をチェック。ない場合には、代替として不安を感じないように明るい照明が付けられているかどうかを見ておく。

●入居者のマナーも同時にチェック

建物内で管理をチェックするときには同時に入居者のマナーも見ておこう。マナーの悪い入居者がいる物件では入居者同士のトラブルが起きやすい。もし、それが原因で自分の入居者が出ていくようなことになっては大家さんにとっても損。入居者が互いに気持ちよく暮らしている、マナーのいい入居者が多い物件を選ぼう。

そのためには、まずエントランス周辺の掲示板をチェック。入居者への連絡事項などが掲示されているはずだが、その中に「収集日以外にゴミを出さないでください」「夜間10時以降は洗濯機を使わないように」などの注意書きがあったら要注意。マナーを守らない人が多い可能性がある。

建物内では落書きがないか、部屋の前に私物が放置されていないかなどを見てみる。特に廊下やエレベーター内は落書きの多い場所なので、注意が必要。私物では自転車やかさなどが通行の邪魔にならない程度に置かれているくらいならいいが、それ以上の状態は×。また、エレベーター内の壁にタバコの焼け焦げがあるような物件はお勧めしない。

ゴミ置き場や駐輪場はきちんと置かれているかどうか。ゴミ置き場では分別されて置かれているか、収集してもらえないようなサイズのゴミが放置されていたりしないかなどをチェック。駐輪場やバイク置き場では置き方はもちろん、壊れているのに置きっぱなしになっているような自転車、バイクがないかも注意事項。放置された自転車は籠にゴミを放り込まれやすく、それが散らばっていくと全体が荒れた印象になる。ゴミが散らばっている場所は放火されやすいという報告もあるので注意しよう。

◎管理・住民マナーはここがポイント！◎

●管理

□建物全体の印象

（外からぱっと見た時の第一印象が暗い、荒れているなど、ネガティブなものはダメ。建物周囲の植栽内にゴミや空き缶が山のように投げ込まれていたり、木が繁茂しすぎているのに手入れされていないような物件は避けよう）

□管理内容、巡回の頻度など

（管理員室の表示で確認。常駐しているのがベストだが、そうなると管理費が高くなる。規模にもよるが、週に３回程度の巡回ならよし。管理員さんと話ができたなら、どんな作業をしているのかについて聞くという手もある）

□建物内の清掃状況

（エントランス、廊下、ゴミ置き場、駐輪場、駐車場などを見る。廊下の隅に埃が積もっているようでは管理良好とは言いがたい）

□集合メールボックス

（チラシが投函されているのは仕方ないとして、それが突っ込まれたまま、あるいは外に散乱したままというのでは、あまりに気配りがない。入居者が捨てやすいように、エントランス内にゴミ箱が用意されているような物件なら合格だ）

□電球

（管理員さんの作業時間は昼間が多いため、電球が切れていても見逃しがち。それがきちんと交換されており、どこも切れていないようなら、こまめな管理が行われていると言えるだろう）

●住民マナー

□掲示板

（エントランス周辺の掲示板の内容に注目。注意を促すようなビラが多ければ、マナーの悪い住民が多いということ。ゴミ置き場やエレベーター内に掲示されていることもある）

□ゴミ置き場、駐輪場など

（きちんとルールを守って利用されているようなら◎。捨てるはずの自転車などが放置されたままになっているときは注意）

□廊下など

（自転車やダンボール、不用品の類が通行を妨げるまでに置かれている物件は避ける。また廊下を歩いていて、不快な匂いがするような物件もダメ。時に廊下ではなく、バルコニーにゴミを出している人もいるので、外からの確認もしておこう）

室内はキレイ？ リフォームにいくらかかるか？

購入後の出費を抑えつつ、魅力ある物件を手に入れるコツ

入居者がいて大家さんが変わる、オーナーチェンジの場合には室内は見せてもらえないことが多いものの、それ以外の場合には室内も必ず見ておこう。

①部屋の広さ、天井の高さ

間取図に広さが書かれていても、二次元で考えているだけでは実際の広さは分からない。また、同じ6畳の部屋でも天井が低ければ実際より狭く感じるし、暗い部屋も同様に狭く見える。その意味では面積上の広さよりも、部屋に入ったときに、「思ったより広いな」と思えるかどうかがポイント。同じ面積なら天井が高く、明るいなどで広く思えるほうを買おう。ちなみに中古の場合、天井の高さは2m40cmが一般的だ。

②設備、建てつけに不備はないか？

室内の扉、引き戸、窓などは必ず開け閉めしてみて、開けにくかったり、歪んでいたりしている箇所がないかを確認。設備は、どれが部屋に付帯しているものかを確認しつつ、作動させられるも

のは必ず動かして、故障がないかをチェックする。下見時にエアコンがあっても、付帯品でなければ、購入前に外されてしまうこともある。ただし、空室状態の場合、ガスは使えない状態になっており、ガス関係の設備は使えないので、確認は不能。不動産会社に口頭で確認しよう。

③給排水に問題はないか？

中古で一番注意したいのは給排水。水の流れが悪くなっていないか、スムーズに流れるか、排水口から嫌な匂いがしないかなど、実際に水を流してみて確認をしよう。排水口ではシンクの下を覗いて水漏れがないか、黴が生えていないかのチェックも忘れずに。

④日当たりや眺望、音や匂い

室内だけでなく、バルコニーに出てみて、日当たり、眺望も確認しよう。南向きでも目の前に建物が迫っているようではメリットがない。バルコニーでは周囲から覗かれる可能性がないかもチェック。気になる音や匂いがしないかも調べておきたい点で、これは窓を開けたとき、閉めたときで違うはずなので、両方やってみて、どの程度の音、匂いかを確認しておこう。

⑤リフォームが必要なのはどこか？

購入後の出費を抑えるためにはリフォーム代などが少なくて済む物件を選びたいところ。ワンルームで、リフォームが必要な箇所は壁（含む天井）、床と設備類。たいていの場合、壁紙は張り替えて新品の状態で貸すことが多いが、それ以外のお金はかけなくて済むなら、済むにこしたことはない。そこで床は汚れと傷をチェック。カーペットあるいはフローリングの張替えが必要かどうかを判断しよう。ちなみに、リフォーム価格で考えると、フローリングのほうが高くつき、傷の補修だけでも数箇所で2万円以上。室内を張り替えるとなると、数万円から10万円以上に及ぶことも。比べるとカーペットは材質にもよるが、6畳で数万円以下。貸す場合にはフローリングのほうが貸しやすいが、その分、お金もかかるわけだ。壁紙張り替えは6畳で3万円〜。

もうひとつ、設備は動かしてみて不備がなければ交換は必要なしと考えていい。ただ、ガス台やシンク、換気扇などは交換はしなくても清掃はしたほうがいい場合も。

●入居者がいる場合に確認することは?

入居者がいる場合は、室内よりも入居者自身のチェックが大事。というのは、大家さんはこの入居者付きで部屋を買うことになるため。もし、この入居者が滞納の常習者であったり、契約違反でずっとペットを飼い続けていたりした場合には、最初からトラブルを抱えることになるので用心が必要なのだ。

確認すべき点はこれまでに家賃を滞納したことはないか、無断で長期間不在だったことはないか、単身での契約なのに複数で入居していないか、ペット不可の場合にはペットを飼っていないかなど。また、いつ入居して、次の更新はいつかなど、ベーシックな契約の内容についてもあらかじめ知っておきたいところ。ただし、下見の時点ではこうした情報までは教えてもらえないことが多く、教えてもらえるようになるのは、購入を申し込んだ後。不動産会社には契約の直前ではなく、もっと早い時期に見せてもらいたいと申し入れておきたい。

◎室内で確認すべきポイントは？◎

□部屋の広さは、自分が思っていた通りか？

（天井が低い場合、梁が出ている場合などには狭く感じることがある。また、暗い部屋も同様なので、昼間にチェックしよう）

□バルコニーから何が見えるか。眺望や日照を遮るものはないか？

（セールスポイントになる眺望が望めないかも見ておきたい点）

□周囲から室内を覗かれる可能性はないか？

（高い建物がある場合は、上から覗かれることがある。もし、周囲の建物に上がれるようならそこから、見下ろしてみれば確実にチェックできる）

□気になる音や匂いはしないか？ 窓を開けたとき、閉めたときでどうか？

□ドアや窓、戸を開け閉めしてみて、動かしにくい場所はないか？

（網戸は見落としがち。古いマンションで網戸が付いている場合はちゃんと動くか、破れがないかも見ておきたい）

□水の出はスムーズか？ ちゃんと流れるか？

（特にバルコニーに洗濯機置き場がある場合は、排水口が詰まりやすいので要注意）

□キッチン、浴室の排水口から嫌な匂いがしないか？

（匂いがする場合、詰まりがある可能性もある）

□シンク下や下駄箱内に黴が生えていないか？

（玄関は北に配されることが多いので、湿度が高く、黴が生えやすい。玄関の床なども注意してみておこう）

□床に傷や汚れがないか？ あるとしたら、どの程度か？

（壁際などで家具を置いたら隠れそうな場所であれば問題ない。カーペットのシミは住宅用では落ちないものでも、車用の洗剤で落ちることが多いので試してみよう）

□トイレや洗面所、風呂の汚れはどの程度か。自分で掃除して済む程度か？

（しばらく使っていないトイレにできる水シミ、ユニットバスの目地の黴は取りにくいので注意。シャワーカーテンは交換すればいいので、気にしなくてよい）

□設備に故障はないか？

（ガスは使えないものの、水道は元栓をひねれば、電気はブレーカーを上げれば使えるようになるので、使ってみて確認。不動産会社の担当者が同行しているときには、使ってみてもいいかを、念のため、確認してから使ってみること）

□付帯している設備はどれか？

（エアコン、照明、洗濯機用の棚、カーテンなどは特に注意。担当者同行のときにはその場で質問、それ以外の時には下見後すぐに不動産会社に電話するなどして、どれが付帯設備かを聞いておく）

自分で歩いて周辺チェック！

足回り、生活の便利さ、防犯の確認をしっかりと

最後は物件の周囲の確認。ここで見ておきたいのは足回り、生活の便利さと防犯面の3点。そのためにはまず物件の回りをぐるりと歩いてみること。これで防犯面をチェックする。建物周囲に自転車やゴミが放置してあったり、街灯が暗くて人目に付かないような場所や人が隠れていても見えないような植え込みがあるなどの場合は注意が必要。ゴミは放火の原因になりやすいし、建物周辺が薄暗いような場合は女性に嫌がられるからだ。また、侵入の足がかりになりそうな木や電柱がある場合も×だ。

このときには同時に周囲から建物内を覗いてみるのも手。室内あるいはバルコニーが丸見えになってしまうようでは、入居者は見つけにくい。公道から手の届く範囲にバルコニーがある物件も嫌われる。ただし、ここで研究熱心のあまり、覗き込みすぎると、アブナイ人と思われかねないので注意しよう。記録のため、デジカメ撮影をするときも同様。素早く出して、素早く撮影しないと、今どきのことである、通報される危険性もある。

次に建物から2分～3分圏を歩いてみる。日常的に利用するコンビニやビデオショップ、クリーニング店、酒屋、お惣菜屋さんなどがこの範囲にあると、シングルにはうれしい。できればコンビ

ニは数分以内に2～3店あると喜ばれる。郵便局や銀行のATMなどもあると便利だ。

総合病院もあれば便利ではあるものの、救急指定の場合は良し悪し。というのは、夜間に救急車の出入りがうるさいケースもあるからだ。同様に小学校や幼稚園なども微妙。ファミリーならそうした施設が近くにあるのは便利だが、単身者の場合は声やチャイムがうるさいと思う可能性が高いからだ。

建物から2分～3分圏では街の表情もチェックしよう。周辺に多いのは一戸建てなのか、アパートやマンションなのか、道を歩いている人はどんな年代の人が多いのか……。閑静な住宅街は住環境としてはうれしいものの忙しい単身者には不便な面もある。それよりは若い単身者が多く住んでいる場所のほうが、夜間開いている店が多いなど、便利で暮らしやすい。地域の住宅や歩いている人たちの年代などを見れば、そのあたりが読めるはずだ。

周辺ではもうひとつ、街中にある防犯を呼びかける看板にも注意。単純に注意しましょうという内容の場合は問題ない。最近は町内会から警察に依頼するなどして、立てていることが多く、実際の犯罪の有無とは関係ないからだ。しかし、これが「空き巣多発」「自転車ひったくり事件発生」などと実際に起きた犯罪に関するものの場合には注意が必要。それが新しいもので、数多く立てられているなら、治安の悪い地域かもしれない。気になるようであれば、近くの交番でどんな事件が起きたのか、頻度は？などを聞いてみよう。その際には「このあたりに引っ越そうかと思っているんです、それで心配なので」と言えば、教えてもらえるはずだ。

●最寄り駅までは必ず自分の足で歩いてみる

周辺を観察しながら、最終的には最寄り駅まで行ってみよう。途中に何があるかを自分の目で確認するのだ。あって注意したいのは大きな駐車場や寺社、公園、急な坂など。駐車場や寺社、公園は夜間、人通りが少なく、死角になりがち。街灯の光が届かない場所ができることもあり、そうした場所では犯罪が発生する危険もある。当然、防犯を気にする人には敬遠されるので、こうした場所は選ばないほうがいい。また、急な坂は通勤・通学時に負担になる。横浜方面など、坂があるのが当然という地域以外では駅から部屋までが平坦な立地を選びたいところだ。

逆にあってうれしいのは商店街。同じ5分でも暗い住宅街を5分歩くのと、賑やかな商店街を5分歩くのでは心理的な距離感が異なる。また、実際問題として、帰宅しながら買い物ができるので便利でもある。商店街を抜ける立地であれば、5分が6分、7分でも不利にはならないことを覚えておこう。

とはいえ、その商店街がシャッター商店街では意味なし。通りを見回して、シャッターが下りている店がどのくらいあるかはざっと確認しよう。また、使い勝手を左右する営業時間と定休日も見ておく必要がある。具体的には夜8時までの営業、土日以外の定休日設定が使いやすい。

スーパーも同様にチェック。24時間営業や夜10時、11時など深夜営業の店があれば、単身者には住みやすい。その他、定食屋さんや居酒屋など、簡単に外食できる店や、持ち帰り寿司やお惣菜屋さんなど、単身者の食生活に寄与する店のチェックも欠かせないところ。自分がこの街に住むとしたらという視点を忘れなければ、見るべきポイントは見えてくるはずだ。

◎周辺で確認したい３つのポイント◎

●足回りの便利さ

□最寄り駅までの所要時間

（必ず自分の足で歩き、目で確認する。不動産の表記では信号の待ち時間などは含まれていないので、交通量の多い道路を渡るような立地では遠いと思われかねない）

□最寄り駅までの間に何があるか？

（通勤・通学が辛いと思われないよう、平坦な道がベスト。急坂は嫌われる。駅からの帰宅時に買い物ができるよう、途中に商店街やスーパーがあると便利。駅の反対側に行かなくてはいけない場合には、そこまで歩いてみて所要時間を確認）

●生活の便利さ

□建物の周囲２～３分圏に何があるか？

（コンビニ、ビデオ店、クリーニング店、酒店、定食屋、惣菜店など単身者の日常生活に必要な店が揃っていると借りてもらいやすい）

□駅の周辺に何があるか？

（店舗の種類としては建物の周囲同様。加えて、居酒屋やカラオケ、パチンコ屋さんなど、遊びの要素も欲しいところ。銀行、郵便局や自治体の出張所などの場所も要確認。スーパーしかない場所では、スーパーの休業日には買い物ができないことになってしまうので、両方揃っている場所が望ましい）

□スーパー、商店街の営業時間、定休日は？

（仕事帰りに利用できるか、休みの日に利用できるかという観点でチェック。住宅街の中の商店街では土日休業もあるので注意）

●防犯面

□建物周囲に死角はないか？

（建物の周りを歩いてみて、人が隠れられそうな場所、見通しの悪い場所がないかを確認。細い路地の多い地域は防災上も消防車が入れないなど、不利な点が多いので、避けたほうがいい。最寄り駅までの間も同様にチェック）

□侵入されたり、覗かれたりしないか？

（空き巣になったつもり、覗きに来たつもりで外から建物内をチェック。隙のない建物を選ぶようにしよう）

□周囲で犯罪が多発していないか？

（立て看板をチェックすると同時に、時間と勇気があれば交番で話を聞いてみる）

コラム

リフォームって、いくらかかる?

最近は、室内はピカピカでなくちゃイヤという人が多いため、入居者が変わるたびにリフォームが必要となる。特に壁、天井の張替えは必ずやらなくてはいけないと言ってもいいほど。リフォームの価格は使う材料や地方によってかなり幅があるので、リフォームしなくてはいけない箇所が分かったら早めにネットで料金を調べる、見積もりをとるなどしておこう。

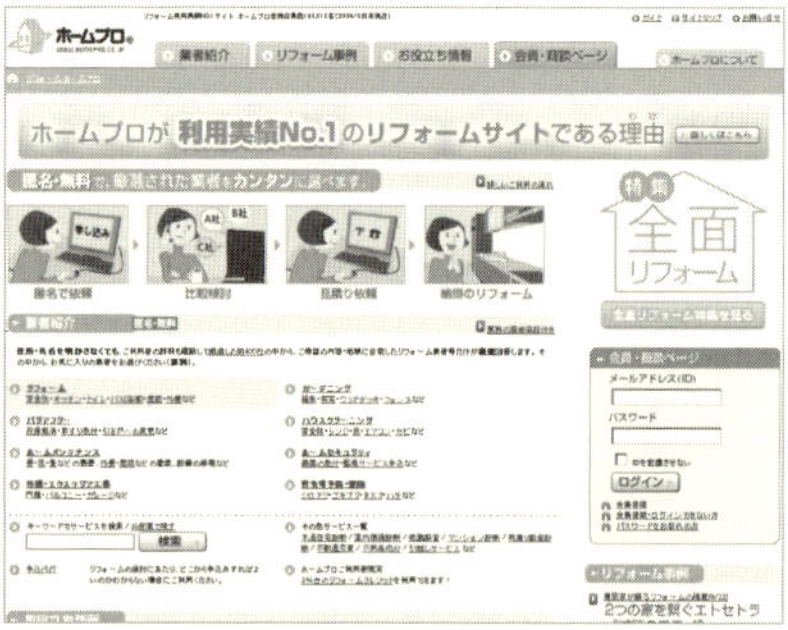

見積もりをとるなら「リフォームホームプロ」

リフォーム会社を選択したり、見積もりを依頼するのに役立つ。
満点リフォームのコーナー内にはリフォーム費用の工期と料金の目安表も。

http://www.homepro.co.jp/

おトクにリフォームするなら「ゆとりフォーム」

文化シャッターのリフォーム事業部。
材料費、工賃込みの価格表示で、様々な種類の工事の料金が表示されている。
分かりやすく、低料金。

http://www.yutoriform.com/

第6章 資金調達と契約

投資の成功を左右する事前準備と段取りのコツ！

130ページ〜

❶どこの銀行から借りるのか

住宅ローンとは違い、投資用のローンは千差万別。都市銀行だけでなく、地銀、信金、信託銀行も訪ねてみよう

134ページ〜

❷敷居が高い

融資の申し込みは緊張モノ。面談もあり、まるで就職活動だ。著者（国房）が初融資をゲットするまでの道程をご紹介しよう

この章のキーワード＆イントロダクション

国房敬一郎（国）＋中川寛子（中）

国 具体的に物件を探し始める頃には、資金調達についても考え始めます。**❶どこの銀行から借りるのか** ですね。

中 私には、不動産会社より銀行のほうが **❷敷居が高い** わ。銀行とのお付き合いなんて、ほとんどないもの。

国 たいていの人はそうだよね。だから、もし、銀行に知り合いがいたら、まずはその人に聞いてみる。口座を持っているだけだと、担当者はつかないけれど、融資の場合は担当者がつく。どうせ、誰かが担当者になるなら、最初から知り合いの方がウレシイって話なんだ。

中 知り合いがいなかったら?

国 不動産会社に、どこか知っているところがないか聞いてみる。

中 住宅を買うときは不動産会社が銀行を紹介してくれるけど、そんなことはないのね。

国 ない。付き合いのある銀行はあるにせよ、教えてくれるだけ。後は自分で交渉しなくちゃいけない。

138ページ～

❸内定

仮申し込み→審査→内定→本申し込み、と手続きはなかなか大変。書類の準備もしっかり丁寧に

144ページ～

❹不動産会社と契約

自分で用意する書類以外に、不動産会社に用意してもらう書類も多い。重要事項説明では見落としにも注意しよう

中　はあぁ、大変だ。

国　だから、投資を考え始めたら、すぐにでも銀行訪問をスタートさせておくのが理想的。貸してくれそうかどうかの感触と、担当者が具体的に分かっていれば、いい物件が見つかった時、すぐに話を持っていけるから、手間が省けるって訳。

中　お金を貸してくれる所は、都銀以外にも地銀や信金、信託銀行などいろいろありますから、数多く当たって、貸してくれるところを探して下さい。

国　そこでローンを申込み、**❸内定**が出たら、**❹不動産会社と契約**をし……と、ここからの展開は急です。短期間で書類やお金を集めなくてはいけない。覚悟しておくこと。

中　会社員だと、平日に休みを取って手配や契約に行かなきゃならない可能性があるわね。

国　そうそう、それが意外に大変。うっかり有給を使い切っちゃっわないように、気をつけておいたほうがいいよ。

お金を貸してくれるトコロを探そう

都市銀行、地銀・信金、信託銀行……一筋縄ではいかない投資ローン

金融機関のホームページで検索をかけたとしよう。住宅ローンについてはどこの金融機関でも簡単に細かい情報を入手できるが、投資用ローンとなると、一筋縄ではいかない。例えば、都銀のホームページでアパートローンと検索してみよう。出てくるのは三井住友銀行だけ。では、他の都銀でやっていないのかともちろん、そんなことはない。アパート・マンション投資ローン専用の相談センターを設けているところもあるのだが、それでも、検索では出てこない。かつ、そうした相談センターで詳細を聞こうとすると、答えは判で押したように、「支店にご相談ください」。つまり、住宅ローンの場合はメニューが決まっていて、そこの個別の要因が入り込む要素はあまり多くないが、投資用ローンは千差万別。融資を受けたい人、物件、そして銀行次第で、融資の内容や条件が変わってくるのだ。だから、1行がだめでも他でOKという可能性もある。自分の経営センスや売り込み能力が融資を左右すると思えば、チャレンジしがいがあるというもの。萎縮せず、自分と自分の選んだ物件を信じて申し込みに行こう。

さて、以下では金融機関ごとの特徴、アパートローンの概要などを解説する。これまでの付き合いや物件の所在地などから適当と思われる金融機関を選んでいただきたい。

●都市銀行
……低利で長期返済可能だが、問題は頭金

都市銀行4行ともにアパートローンは取り扱っている。三井住友銀行、りそな銀行は不動産投資用ローンの相談センターを設けており、なかでも三井住友銀行のアパートローン取り扱い残高は業界トップクラスだ。

さて、都銀で借りるメリットだが、最初の物件購入で都銀を利用した国房によれば「金利は低いし、銀行によっては長期で借りられる。審査の方法は物件よりも、借りる人重視。借りる人の収入に借入額が左右されるので、ビジネスマン向きかも」。

三井住友銀行の場合、変動金利で2.375%と住宅ローンと同じ低水準（2006年5月適用分）。ただし、返済期間は原則最長で15年。りそな銀行の場合は住宅ローン並みの金利で最長返済期間は30年だ。問題は頭金。3割用意するのが原則で、銀行によっては「相談の余地あり」とは言うものの、少なくとも2割以上はなんとかしたい。

◎都銀のアパートローン事情◎

● Web サイトのアパートローン情報と相談窓口の例

三井住友銀行 http://www.smbc.co.jp/	アパートローンで検索すると、商品説明書一覧が出てくるので、そこで直担アパートローンという商品をクリック。商品の詳細が分かる。また、新宿にアパートローン専門の相談窓口がある	新宿アパートローンプラザ 東京都新宿区新宿 3-14-5 電話 :03-3352-4795 平日 9 時～ 15 時
りそな銀行 http://www.resona-gr.co.jp/resonabank/	アパートローンで検索すると、埼玉りそな銀行の賃貸マンション・アパート建設用のローン商品が出てくるだけだが、実際には 1 室単位の購入時にも相談に応じてくれる	新都心アパマンセンター 東京都新宿区西新宿 6-12-1 電話 :03-3348-1033 平日 9 時～ 17 時
三菱東京 UFJ 銀行 http://www.bk.mufg.jp/	アパートローンに関する商品解説ページはないが、支店で相談に応じてくれる	

●地銀・信金……メニューがなくても相談可能

地銀や信用金庫は元々中小企業や地場の個人商店などを相手に営業をしてきた。そのため、リスク許容度が高く、都銀よりも相談の余地が大きい。メニューがなくても融資が可能なこともあるので、とにもかくにも相談。

国房によると「地銀、信金では個人のプロファイルより物件の収益性を重視して審査を行うもの。この点が物件について独自の審査基準がない都銀と、地元密着型で収益まで審査できる地銀、信金の違いでしょう」。

ただし、営業地域以外での融資は受けられないので、買いたい物件が借りたい地銀、信金の営業エリアになければダメ。また、信金で借入れをする場合は、会員になる必要がある。といっても、信金にもよるが1万円以上を預ければいいだけだ。

◎地銀・信金のアパートローン事情◎

● Webサイトのアパートローン情報

千葉銀行 http://www.chibabank.co.jp/	個人のお客さまへ→かりる→金利選択型アパートローンへ
東日本銀行 http://www.higashi-nipponbank.co.jp/	個人のお客さま→借りる→アパートローン「マイウェイ」へ
常陽銀行 http://www.joyobank.co.jp/	個人のお客さま→借りる→常陽アパートローン(金利選択型)へ
世田谷信用金庫 http://www.shinkin.co.jp/setagaya/	ご融資→アパートローンへ
芝信用金庫 http://shibashin.topica.ne.jp/	借りる→しばしんアパートローン「ベストワン」へ。キャンペーンなども行っている
岐阜信用金庫 http://www.gifushin.com/	目次→商品のご案内→ローン商品のご案内→ぎふしんアパートローンへ。3種類のローンが用意されている

※上記は一例。このほかにも多くの地銀・信金でアパートローンを扱っているので、まずは地元で問い合わせしてみよう。

●信託銀行その他……注目は東京スター銀行、信託は1棟が中心

審査の考え方では都銀と地銀・信金の間くらいとは国房の弁。「個人のプロファイルと物件の収益性を半々で見る感じ。信託銀行は不動産の信託をやっていることから不動産取引にも強い。金利は低めだし、返済期間が長く、借りられる額も大きいが、基本はアパートあるいはマンション1棟。1室では難しいかも」。経営規模を拡大した暁には、お付き合いしよう。

うまく使えれば面白いのが東京スター銀行の不動産投資ローン。これには預金連動型、一般型があり、金利は預金連動型で基準金利プラス4％と高め。ただ、このタイプの場合、利息はローンから普通預金、外貨預金の合計額を差し引いた金額に対してだけかかる。つまり、預金があれば、その分、返済額は減ることに。貯蓄と投資のバランス次第ではトクできる可能性もある。

◎信託銀行その他のアパートローン事情◎

● Web サイトのアパートローン情報

東京スター銀行 http://www.tokyostarbank.co.jp/	商品とサービス→不動産投資ローン（預金連動型・一般型）へ※
オリックス信託銀行 http://trust.orix.co.jp/	住宅ローン→アパートローンへ
住友信託銀行 http://www.sumitomotrust.co.jp/	借りる→アパートローンへ
みずほ信託銀行 http://www.mizuho-tb.co.jp/	ローン→アパートローン「ホープ」へ
三菱 UFJ 信託銀行 http://www.tr.mufg.jp/	借りる→賃貸マンション・アパートローンへ
新生プロパティファイナンス http://www.shinsei-propertyfin.co.jp/	商品案内→不動産業者向ローン

※商品の説明の他、よくある質問、手続きについての解説があり、資料請求、相談会への申込みも行えるようになっている（http://www.tokyostarbank.co.jp/estate/index.asp）

国房啓一郎の初融資ゲットへの道のり

はじめての融資申込みは、就活なみにドキドキもの

初めて購入したいと思える物件に出会えた自分の次の課題はローンの借入れ。すでにWEBでいくつかの銀行をリサーチしてはいたものの、まずは不動産会社に相談してみる。

すると、近所の銀行の担当者を知っているとのこと。そこで自分の都合を伝え、平日の朝8時のアポをセットしてもらう。

初面談の朝、不動産会社営業担当者と待ち合わせ、銀行へ。

8時だというのに、すでに皆さん、ばっちりお仕事モード。

みんなが、こちらに注目……。う〜、緊張する。

ここは元気よく、行かなくちゃ！

「お、お、おはようございます」。あちゃー、緊張バレバレ。

なんとか挨拶を交わし、さっそく物件や自己資産の話へ。

「ではこちらに記入を」と、プロファイルシートを出される。

住所を書き。名前を書き。目的は不動産投資……と。次は用途。

え、用途って？　ちょっと焦って質問。

「用途はどんなことを書けば良いですか？」

「ちんたいようふどうさん、で、良いですよ。」

……。ちんたい、ちんたいってどんな字だったっけ？


頭の中が真っ白。思い出せない。


やばい。ぜったいにやばい。この漢字を書けないのはやばい…。

でも仕方ないよな～、泣きたい。

「すっ、すいません！ちんたいってどんな字でしたっけ？」

思いっきり、うさん臭そうに見る銀行担走者の目、怖かった…。

みなさん、よく使う漢字はどんなに緊張してても書けるよう練習しておきましょう。自分もせっせと、書き取り練習、やりました。

●融資してもらうためには身だしなみも大事?

2回目の訪問以降は服装その他にも気を配ることにした。初回、靴などの細かい部分も含め、全身を見られていたからだ。

何事も準備、準備。よしっ、徹底的にやろう!

まずは落ち着いた色のスーツ、クリーニング上がりたて。これで頭脳明晰、誠実で礼儀正しく、謙虚で温かみがあり、明るくて元気な”印象“を与える。

そしてワイシャツは白。金融機関向けに仕事をしている営業の人は白ワイシャツが基本と聞いたことがあるのだ。さて、スーツとワイシャツが清潔感と誠実さなら、元気さは明るい色のネクタイで。でも柄は派手じゃないものだ。

靴は綺麗に磨き。髪は光らない程度に整髪剤でぴちっとまとめる。

そして時計は外すことにした。7年も使ってるブランド物は見た目が汚いし、金遣いが荒そうと思われてはマイナスと判断したのだ。

●就職活動に臨む気分でチャレンジ。ダメでも次がある！

さて、最初に訪問した銀行からの返事はＮＯ！やっぱり、漢字が書けなかったのが敗因だったのだろうか……。

不動産会社は他の銀行も紹介してくれたが、自分はインターネットでみつけた他行に申込みをしてみた。３日目に銀行から連絡、折り返し、自分から連絡してアポ。今度は一人で銀行を訪問した。

もちろん、緊張した。緊張はしたが、漢字は十分練習したし、服装もばっちり。自分なりに何をどう話すか、イメージトレーニングしていたおかげだろうか、意外にスムーズに進んだことを覚えている。

おかげで最初の物件では3行目で融資がおりた。もちろん、その後、物件を買い増すたびに、同じような銀行巡りは続いたが、最初をクリアできれば問題なし、かのロバート・キヨサキ氏も10行訪問して、銀行の口説き方を会得した。気を抜かず、リラックス、自分を正直に出す……。就職活動のつもりで取り組めば大丈夫、融資してもらえます。

契約は2種類。まずは銀行だ

仮申込み→審査→内定→本申込みと続く、ローン締結への長い道のり

　さて、いよいよ、契約は目前だ。これにはローンと物件とで2種類あるので、混同しないようにしよう。まずは、銀行でローンの契約をする。これは2段階あり、当初は仮申込み。書類を揃えて申込みをするものの、この時点ではローンを利用できるかは分からない。そこから審査が始まり、OKの場合は内定が出て、それから本申込み、つまりローン契約締結ということになる。不動産会社との物件の契約は銀行でローンの内定がおりた後。お金を貸してもらえなければ買えないわけだから、最初に資金の手当てのメドをつけるわけだ。

●時間があれば、仮申込み前に感触を探っておく

　ところで、仮申込みしても、内定が出るまでは貸してもらえるかどうか、分からないわけだが、全く分からない状態で、何行も申込むのも無駄な話。できれば、事前に感触を掴んでおいて、貸してもらえそうなところに仮申込みを入れるようにしたいもの。そのためには、仮申込み前に担当者と会う機会を作り、具体的な質問で様子を探ってみるのが手。76ページでも少し触れたが、投資を考えはじめるのと同時に金融機関との接触を始めておいたほうがいい。実際の物件にたどり着く前

に担当者と顔合わせ、かつ、どんな借入れを希望しているか、それが可能かどうかを探っておければ、ベスト。仮申込み以降がスムーズに進むはずだ。

質問例としては「900万円前後の物件を探しているが、頭金は250万円。3割に足りない可能性があるが、それで貸してもらえるだろうか。年収は約500万円くらいだ」など。

一般に銀行の担当者は融資条件、融資可能額、審査のポイントなどを明言することを避けたがる。それは後で言った、言わないのトラブルになる懸念があるからだが、その場合でもこれだけ具体的に聞かれると、含みを持たせながらもイエスかノーの答えが出てくる。全くダメな場合には「難しいでしょう」あるいは「前例がありませんね」など。逆に可能性がある場合は「条件次第ですね」「物件にもよりますね」など。

答えに可能性を感じたら、「どんな条件の物件だと有利ですかね」などさらに聞いてみてもいい。だが、その場合、「どんな条件の物件なら絶対貸してもらえるんですか?」と相手に融資承認や融資の条件を明言させるような聞き方は避けよう。一般論としてどうかという聞き方をしたほうが相手に答えてもらいやすいのだ。

また、過去の例を聞くのも有効。「最近のワンルーム投資だと、新築が多いんですか、それとも中古ですか?」「◎㎡くらいの狭い部屋に融資したことはありますか?」などなど。できるだけ、遠まわしに、でも、具体的に聞く。「一般論としてはどうなんですか」などと言ってからの質問も答えてもらいやすい。

●書類手配は、早めに、余分に準備

仮申込み以降、2回の銀行への申込みと物件契約には様々な書類が必要になるので、早めにどんな書類を何通用意しなくてはいけないかを確認、手配を始めよう。次ページに必要な書類等の表を付けたが、金融機関、不動産会社によっては必要なものが異なることもあるので、用意を始める前には必要書類一覧などをファックスしてもらうようにしよう。

さて、必要書類はおおまかに、住んでいる自治体の役所あるいは出張所で取得するもの、同地の税務署で取得するもの、自分の手元にあるものの3種類。うち、自治体で取得する住民票、印鑑証明書は2回、2箇所で必要だし、複数行に仮申込みするときにはその分も用意しなくてはいけないので、最初から余分にもらっておくようにするとよい。1通200円~300円程度だが、こうした書類取得時の領収書、また、そこまでの交通費などについては後日、確定申告時に必要なので、きちんと整理して保管しておこう。税務署関係の書類は、これまでに他の事業などで確定申告をした場合にのみ必要なので、多くの人には不要のはずだ。

意外に整理に手間取るのが、その他の借入れに関する資料。車やその他のローンでいくら借りているか、毎月いくら返しているかが分かる書類一式を持参する必要があるのだ。あちこちに散逸しているという人は投資を思い立った時点で書類をひとまとめにしておくのはもちろん、返済可能なら、他のローンは返済しておこう。借入れ時には他のローンも合算して返せるかどうかを査定するので、他のローンはないほうが貸してもらいやすいのだ。また実印は、なかったなら、これを機会に作り、それで印鑑登録を。登録すれば、すぐ印鑑証明書を出してもらえる。

◎ローンの仮申込みに必要な書類◎

書類名称など	必要数	手配先・注意事項
住民票 （世帯全員のもの。交付から１ヶ月以内のもの）	２通	居住地の自治体の役所・出張所などで取得できる
印鑑証明書 （交付から１ヶ月以内のもの）	２通	居住地の自治体の役所・出張所などで取得できる
源泉徴収票（前年度分）	１通	勤め先で受領済みのはず。見当たらなければ勤め先の経理に再発行を依頼
給与明細（直近１ヶ月分）コピーと原本	各１通	会社が電子交付なら電子ファイルの印刷
賞与明細（直近２回分）　コピーと原本	各１通	会社が電子交付なら電子ファイルの印刷
確定申告書のコピーと原本 （過去３年分の税務署受付印のある控えのコピー）	各１通	確定申告を行っていなければ必要ない
納税証明書 （その1、その2、それぞれ過去３年分）	各１通	居住地管轄の税務署で取得できる
運転免許証あるいはパスポート	１点	本人であることの証明のため
返済予定の銀行口座預金通帳	１点	ローン引き落としの書類への記載のため
返済予定の銀行への届出印鑑	１点	ローン引き落としの書類への捺印のため
頭金を持ってることの証明書類	全て	貯金通帳、証券会社口座残高など、自己現金資産の全てに関する明細・証明書類を持参
その他のローンの借入れ実績詳細が分かる書類	あるもの全て	住宅ローン・自動車ローンなどの借り入れ明細書。借り入れ額・月返済額・ローン残月数がわかるもの
勤め先の会社概要	1点	社員数や資本金額などを書類に記載する時の参照のため
実印	1点	なければ作成

※金融機関によって異なる場合もあるので確認を

●内定後、物件契約を経て、ローン契約締結へ

仮申込み、ローン契約とも行う場所は当然銀行。そのため、銀行の営業時間に行われるのが基本。金融機関によっては一般の会社の始業前、朝8時からや、逆に夕方18時以降に対応してくれることもあるが、平日、どこかで休みをとらなくてはいけないものと覚悟しておくほうがいいだろう。仮申込みの場合、所要時間は2時間くらいを見ておこう。

仮申込み後、審査の結果がでるのは1週間から10日後。仮申込み時にいつごろになるかを聞いておき、自分から連絡してみよう。ここで内定がでれば、それ以降で取り消されることはほぼない。

内定がおりたら、すぐに不動産会社に連絡をとる。物件の契約日を調整してもらうためだ。この契約日は本人と不動産会社で決められるものなので、内定後すぐという可能性も高い。そこで受領した書類の大半が、次の銀行とのローン契約締結時に必要なもの。詳細は左ページの通りだが、自分で用意するものはほぼない。

ただ、ここで注意したいのは、コピーしなくてはいけない書類が多いということ。売買契約書に始まり、重要事項説明書、頭金領収書、間取り図……。領収書のように1枚コピーすれば済むようなものはまだましだが、契約書類は複数ページにわたる。しかも、あまり雑にコピーするわけにはいかない。とてもコンビニでのコピーでは対処できないので、お勧めはデザインコンビニやオフィスコンビニのコピーサービス。コンビニよりは高くつくかもしれないが、手間なく、きれいにコピーしてもらえる。もちろん、この領収書も保存しておこう。

内定後、不動産契約を経て、ローン契約締結までは約2週間。ローン契約締結は1時間ほどだ。

◎ローン契約の締結に必要な書類◎

書類名称など	必要数	手配先・注意事項
不動産売買契約書のコピーと原本（手付金の覚書含む）	各１通	不動産契約時に所得済み
不動産重要事項説明書のコピーと原本	各１通	不動産契約時に所得済み
頭金（手付金）領収書のコピーと原本	各１通	不動産契約時に所得済み
建築図面（間取図）のコピーもしくはチラシ	各１通	不動産契約時に所得済み
賃貸契約書のコピー（オーナーチェンジの場合）	１通	不動産契約時に所得済み
不動産登記簿謄本のコピーと原本	各１通	不動産契約時に所得済み
頭金を持ってることの証明書類	全て	貯金通帳、証券会社口座残高など、自己現金資産全ての明細・証明を持参する
返済予定の銀行口座預金通帳	１点	ローン引き落としの書類への記載のため
返済予定の銀行への届出印鑑	１点	ローン引き落としの書類への捺印のため
実印	１点	仮申込み時に使用したもの
印紙税		例えば、借入額が 500 万円超 1000 万円以内の場合１万円。実際には、決済時に事務手数料の一部として支払う

※金融機関によって異なる場合もあるので確認を

次は不動産契約。準備する、してもらうモノは何？

ローンの内定がでたら、不動産会社との契約を進めよう

不動産会社に買い付け証明書を送り、銀行でローンの内定がおりたら、次は、銀行でのローン契約締結の前に不動産会社で物件の契約を行う。これは不動産会社で行うので、平日でなくてもＯＫ。夜間の契約もありで、比較的フレキシブルに設定してもらえることが多い。所要時間は2時間ほど。内定後できるだけ早い時期に設定してもらうようにしよう。

用意するものは左のページの通りだが、会社によって必要書類などが異なることもあるので、確認が必要。また、会社によっては契約時に必要な書類や費用の一覧表を用意しているところもあるが、全く何もしてくれない会社もあるので、注意が必要。口頭での説明では用意し忘れる可能性もあるので、できるだけファックスなどで送ってもらい、確認しつつ用意を進めたい。

書類の手配で気をつけたいのは、住民票を現在の居住地に移していない場合。住民票だけを手配するなら、書面で実家など住民票がある自治体に依頼、取得後送付してもらう手があるが、問題は印鑑証明書。もし、登録していなかった場合は、印鑑を持参して登録、その後に証明書を交付してもらうので、住民票がある自治体まで行かなくてはいけないことになる。登録してあった場合でも代理人に取得に行ってもらう必要がある。それらの手間、また、今後のことを考えると、こうした

場合には、住民票を現在の居住地に移し、そこで新しく住民票、印鑑登録から印鑑証明書を手配するほうが時間もかからず効率的かもしれない。いずれにしても、住民票が現在の居住地にない人は早めにどちらの手段をとるか、検討しておこう。ちなみに書面で住民票送付を依頼した場合、自治体にもよるが、1週間程度かかってしまうこともある。

●手付金支払い方法も確認事項

不動産会社での売買契約時に気になるのがお金の扱い。印紙代は1万円ほどだが、ここで払わなくてはいけない、手付金（物件価格の10％程度必要）、半額とはいえ、仲介手数料は少なくても数十万円にのぼる。それを現金で持参するのか、あるいは事前に指定口座に振り込むのか、振り込んだ場合、どんな書類をその証として用意していくのかなどは事前に必ず聞き、その指示に従おう。実際に用意する額についての確認は言わずもがな。持参するときには、大金だけに十分な注意が必要だ。

◎不動産売買契約までに自分で用意する書類◎

書類名称など	必要数	手配先・注意事項
住民票 （世帯全員のもの。交付から１ヶ月以内のもの）	１通	居住地の自治体の役所・出張所などで取得できる
印鑑証明書 （交付から１ヶ月以内のもの）	１通	居住地の自治体の役所・出張所などで取得できる
運転免許証あるいはパスポート	１点	本人であることの証明のため
頭金（手付金）		通常、物件価格の10％の金額
不動産売買仲介手数料の半額		（物件価格×３％＋６万円）×1.05の半額
契約印紙代		物件価格が500万円超1000万円以内なら１万円
実印	１点	

※不動産会社によって異なることがあるので確認を

●用意してもらう書類、事前に見せてもらう書類

売買契約時には不動産会社に用意してもらう書類が多い。具体的には下の通りだが、注意したいのは、売買契約書、重要事項説明書については事前に目を通しておくこと。依頼すればファックスで送ってもらえるので、早めに送ってもらって、自分に不利な文言がないかを読んでおこう。

もうひとつ大事なのは付帯設備一覧表。これは国房の経験によるもので、下見時にあったものがあるか、不備・故障がないかの記録だ。通常はない書類だが、依頼すれば作ってもらえる。

◎不動産売買契約までに不動産会社に用意してもらうもの◎

書類名称など	注意事項
不動産売買契約書	当日ではなく必ず前日までにＦＡＸ等でもらい内容を読んでおく
不動産重要事項説明書	契約書と同様
付帯設備一覧表	通常は付けてくれない。要望すれば出してくれるのでお願いしよう
不動産登記簿謄本　土地	売主の所有物か、チラシとの相違がないか最終チェック
不動産登記簿謄本　建物	売主の所有物か、チラシとの相違がないか最終チェック
建築図面	
間取図	
固定資産税納税証明書	
建物の大規模修繕履歴の情報	
修繕管理費・管理費の管理状況の情報	もし大規模修繕が行われていないなら、修繕積み立て金がしっかり貯まっているかチェック
賃貸契約書のコピー（オーナーチェンジの場合）	賃料や敷金に相違が無いかを確認
頭金（手付金）の領収書	金額は 130 ページ参照
印紙代領収書	同上
不動産売買仲介手数料　半額の領収書	同上

※不動産会社によって異なることがあるので確認を

●契約は3段階で行われる

重要事項説明

宅地建物取引業法で定められた有資格者が資格証を提示。その後、重要事項説明書を読む。分からないことはここで質問する。自殺者、殺人があった場合には必ず説明される。ポイントはこれまで見てきた物件資料との間に相違点がないか。面積については◎ページで説明したように、チラシなどとは異なっているが、間違いではない。

契約書の読み合わせ

これはある種、通過儀式的な部分。契約書を読むだけというのが本当のところ。しかし、ここで初めて契約書を見ましたというのでは、万が一、不利な条件があっても取り消しようがない。念のため、事前にファックスなどで送ってもらい、全文に目をとおしておこう。

署名・捺印、金銭授受

いろんな書類があって、ひとつひとつに署名・捺印をしていくのはけっこう面倒。特に住所、氏名を何度も書かなくてはいけないのであらかじめゴム印を作ってしまうという手も。この後の確定申告など税務署関係などの書類でも、同様に何度も記載しなくてはいけないことも考えると、ひとつあっても損はしない。

●重要事項説明書で見落としてはいけない点は

重要事項説明は法律で定められた不動産の売買、賃貸時に行われなくてはいけないもの。確認しなくてはいけない点としては、面積以外でこれまで見てきたチラシ等の物件資料と相違がないか。面積についてはチラシ等の記載より狭くなっているはずだが、それは面積の測り方による違いなので、驚かないようにしよう（60ページ参照）。

また、事故物件と呼ばれる自殺、殺人などがあった物件も重要事項で説明される。これについては買うときには説明を受ける側だが、貸すときには説明をする側になるので、詳細をきちんと聞いておくことが大事だ。

最近話題になっているものの、まだ重要事項説明に盛り込まれていないのがアスベストと耐震強度に関する説明。今の時点では賃貸契約時にも説明義務はないことになっているが、今後は必要とされる可能性もあるので、大家さんとしては知っておきたいところ。本来は入っていない項目なので、あらかじめ、入れてもらうように依頼しておこう。ただ、検査をした、あるいは補修、補強工事をしたなどの事実があれば、それを記載してもらうだけなので、問題はないが、困るのは売主が何も分からない、知らないというケース。契約の時点で調べてくれといっても、事実上無理なので、その場合には「アスベスト使用については前所有者から何の説明もありませんでした」という事実を記載してもらう。そうしておけば、入居者から問い合わせがあった場合に、「前所有者から説明がなかった」と答えることができるからだ。耐震強度についても同様。また、１４６ページで説明した付帯設備一覧も用意してもらおう。

●契約書では瑕疵《かし》担保責任に注意

重要事項説明書も契約書も、形骸化しているように見えるものの、売主、買主、仲介不動産会社双方が合意をしたという公的な証明書となるもの。きちんと理解した上で印鑑を押すようにしよう。

特に契約書では契約書本体もさることながら、別紙で用意されることの多い特約条項に注意。ここには免除条項などが記載されるが、中でも慎重にチェックしたいのが、瑕疵担保責任に関するもの。瑕疵担保責任とは、物件を引渡した後、物件に瑕疵があった場合、ある一定期間まで買主が売主にその責任、補償を求められるというもの。民法では買主が瑕疵を知ってから1年以内としており、宅建業法では売主が会社であれば2年以内となっている。売主が会社である場合には責任そのものは免除できないものの、期間の短縮は契約書次第で可能だし、売主が個人である場合には責任そのものを免除することもできる。しかし、期間を短縮あるいは責任を免除してしまって、その後に瑕疵があったときに損をするのは買主。この項目に関しては安易な妥協はしないこと。特に責任の免除には応ずるべきではない。期間の短縮に関しても、入居者と連絡がとれ、確認ができるまでは責任を持ってもらうように主張しよう。目安としては最低でも3カ月だ。

また、ローン利用で購入する場合には、契約書に、融資がおりなければ、契約を白紙に戻せるという融資特約が付けられているが、そこに融資のための書類提出日、融資承認予定日を記載する必要がある。これは確実に融資が受けられることが決定した日以降ということになるので、銀行に日程を確認し、無理のない日付を入れるようにしたい。

最後は融資された資金で決済

売主、買主、銀行、仲介会社、司法書士が集って行う最後の山場

物件の契約、ローンの契約の後に待っているのは、最後の山場、決済（ローン実行とも）と呼ばれる手続き。売主、買主、双方の銀行、仲介会社、司法書士と何人もの関係者が顔を会わせ、お金のやりとり、書類の受け渡しなどを行うもので、順調に行っても2時間はたっぷりかかる。午後から司法書士が登記を行って、その日中に作業を終わらせるため、午前中に行われることが多く、同様の理由から平日に銀行で行われる。いつ頃になるか、早めにスケジュールを立て、確実に休みがとれるように段取りをしておこう。また、空室状態で購入の場合には、決済の翌日からすぐに募集をかけられるように仲介会社を選択、あらかじめ依頼をしておき、決済後、その打ち合わせができるように段取りしておくと無駄がない。

さて、決済時に行われる受け渡しの詳細については153ページにまとめたが、大きく誰と、どのような意味のやりとりをするのか、流れを説明すると、

①銀行から資金を受領する。その際、物件に抵当権を設定、火災時などに備えて火災保険に加入する。それに伴い、書類に署名・捺印、費用の支払いが生ずる。

②銀行から受領した資金を売主に支払い、売主が所有していた物件に関する書類などを受け取り、

すでに売主が払っていた税金や管理費、修繕積立金などの精算をする。当然、それぞれに署名・捺印、費用の受け渡しが行われる。

③売買が成立、権利が移行したことを法的に認めてもらうために、司法書士に登記を依頼、そのための依頼状や必要費用、必要書類を受け渡し、署名・捺印する。

④以上のすべての段取りなど、売買に関わる仲介業務に関しての報酬として仲介会社に仲介手数料の残金（半金）を支払い、領収書を受領する。

といった具合。意味を知り、指示に従って順番に作業していけば、それほど問題はないはずだ。

この時点で買主が用意しなくてはいけないのは費用だけ。書類に関しては、ほとんど仲介会社、銀行で用意してくれる。ただし、住民票と印鑑証明書は再度必要になる場合もある。

費用についても基本的には仲介会社、銀行の指示に従う。事前振込みする分についてはいつまでに、どこに、いくらと指示があるはずなので、それに従えばいいが、注意したいのは当日持参しなくてはいけない費用。売主との間での管理費・修繕積立金、税金などのやりとりでは、５２１円、36円など細かい額になることも多く、これをきちんと用意しておかないと、当日のやりとりに無駄が出る。小銭を多めに用意しておくのも手だが、国房によれば、「それよりも費目ごとにあらかじめ封筒に入れておく」ことがお勧め。いくら用意していても、その場で1円、2円と数えていると、やはり混乱するのだとか。細かいようだが、お忘れなく。

また、署名・捺印すべき書類はかなりの数に及ぶので、あらかじめ、住所、氏名、電話番号のゴム印を用意しておくのも手。その際、それぞれを取り外せるように作っておくと、いろいろな場面で使えるので便利だ。

●火災保険は必須？　それとも……

前項で出てきた火災保険。それはなんだと思う人も多いだろう。これは銀行の融資条件のひとつ。お金を貸すからには、その物件が火事にあっても資金を回収できるようにというわけだ。だから、20年のローンを借りたら、20年、ローン期間と同じだけの期間の火災保険に入るように指示される。

不測の事態の資金回収手段として加入するわけだから、保険料は買主が払うものの、保険金は銀行に支払われる。その保険金額が借りた額に足りなければ、残りは買主が払うことになる。例えば７００万円借りて物件を購入、火事で保険金が６００万円おりたとすると、足りない１００万円分は買主が払うのだ。それを考えると、火災保険は必須。きちんとローン期間分加入しよう。

ただ、年払いなどのできる普通の火災保険と異なり、ローンに設定される火災保険は一括払い。かなりの額になるので、もし、負担が重すぎて大変という場合には、とりあえず、銀行から融資される額までの保険に入っておくという手がある。それでは、物件価格全部はフォローできないが、契約時の負担は減る。後は、余裕ができたときに、頭金分などを年払いにして追加加入すればいいのだ。また地震保険も銀行は条件としていないことが多いので、後日自分で入るようにする。そうすれば、契約時の出費を抑えられる上、自分で入った分には抵当権がつかないので、保険金が下りた場合には自分に入ることにもなり、一石二鳥だ。

また、たいていの場合、銀行からどこの保険会社と指定はされるものの、その会社以外でも基本的にはＯＫ。その代わり、指定外の保険会社利用の場合には決済時までに火災保険への加入を済ませておく必要がある。

◎不動産売買決済時に受渡しするものとその注意点◎

	渡すもの	貰うもの	注意点
売主	物件購入代金残金	物件購入代金残金領収書	手付けで 10% 払っているので残金である物件価格の 90%
	家賃日割り分領収書（オーナーチェンジの場合）	家賃日割り分（オーナーチェンジの場合）	契約のタイミングでは逆になることもある
	修繕管理費・管理費の日割り分代金	修繕管理費・管理費の日割り分代金の領収書	同上
	継承敷金領収書（オーナーチェンジの場合）	継承敷金（オーナーチェンジの場合）	
	固定資産税日割り分代金	固定資産税日割り分代金領収書	
	物件の鍵受領書	物件の鍵	入居者がいる場合は1本ないし2本
		賃貸契約書の原本（オーナーチェンジの場合）	
		建物管理組合の管理規約・管理組合の連絡先	決済が終わったら速やかに管理組合に連絡を入れよう
銀行	火災保険申込書控え、振り込み控え、質権設定承諾書（原本）		実際には決済日前に銀行に送る。銀行提携の火災保険に加入の場合は決済日にすべて記入・捺印を行う
	融資金領収書	融資金	融資金からはあらかじめローン事務手数料が引かれており、ローン事務手数料の領収書はもらえない
		融資に関する書類一式	確定申告時に必要になるので大切に保管しよう
司法書士	不動産登録免許税・印紙税、登録手数料	不動産登録免許税・印紙税、登録手数料の領収書	金額に関しては、不動産会社もしくは銀行から事前に教えてもらえる
	登記委託委託委任状への捺印		書類は司法書士さんが用意してくれる。
	住民票（世帯全員のもの。交付 1 ヶ月以内）1通		通常契約時のものを使用するが、新たに必要かどうかは確認を
	印鑑証明書（交付 1 ヶ月以内）1通		同上
	手数料	手数料の領収書	7～9万円くらい。確認が必要
仲介不動産会社	不動産売買仲介手数料の残金	不動産売買仲介手数料の残金の領収書	物件契約時に支払った金額の残金

コラム

途中で「や〜めた」は可能？ 2行OKが出たときは？

買い付け証明書までなら、なんら効力はないので
解除はいつでも可能。
ただし、売買契約後に、自分の都合で「や〜めた」をする時には
手付金を放棄する覚悟が必要。
物件価格の10％を売主にあげちゃうことになるから、
悩むのは契約前にしよう。
ちなみに売主側からの解除なら、手付金はダブルになって戻ってくる。
もうひとつ、気になるのが2行OKが出た場合。
本来は1行ずつ申込みをして、ダブらないようにすべきだが、
仮申込み時に返済期間を短縮されそうなど、
感触が悪かったときには、二股をかけざるをえないことも。
その際は条件が悪いほうに「条件が合わなかった」と
丁重にお断りを入れる。
今後のことも考えて、就職の内定辞退と同様、真摯にお詫びし、
くれぐれも相手を怒らせないようにしておきたい。

第7章

入居者探しと維持

仲介会社の選び方＆自力でできる経営努力のコツ！

158ページ〜

❷いろいろ

会社によって、得意な地域・物件には特徴がある。また、小さな不動産会社よりも大手の方がいいとも、一概には言えない

162ページ〜

❶仲介を依頼

仲介には、募集、入居希望者とのやりとり、審査・契約までの一連の作業が含まれる。仲介をしてくれる会社は、大家さんの大事なパートナーだ

この章のキーワード & イントロダクション

国房敬一郎（国）＋中川寛子（中）

中　すでに入居者がいる、オーナーチェンジの場合はいいけど、そうでない場合は、物件の取得後すぐに、不動産会社に **❶仲介を依頼** する必要がありますね。

国　一口に不動産会社って言っても、**❷いろいろ** あるよ。

中　仲介を中心にしている会社じゃなくちゃいけないのはもちろん、どの地域、どんな物件を得意にしているかを調べてから頼まないと。

国　営業力のある会社に頼まないと、空室になっちゃうね。最近だと上手にネットを利用する、頻繁にホームページを更新しているような会社が強い。

中　やっぱり、不動産は情報戦ね。

国　そう、そうでない不動産会社は、入居希望者を見つけられない→空室が続く→家賃下げを考え始める……という悪循環に陥ってしまうこともある。

中　それじゃあ、ローンが払えなくなっちゃう。そんな不動産会社に依頼したら、最悪ね。

国　不動産会社は大切なパートナーだから、慎重に選ばないと。それから

174ページ〜

❸自分でできること

ちょっとした差別化、ちょっとした工夫が物件の魅力をグッと上げる。これに役立ついろいろなアイデアをご紹介しよう

170ページ〜

❹家賃アップ

家賃設定は、不動産投資の醍醐味だ。「フリーレント」「敷礼ゼロ」など、家賃の設定自体が付加価値を生むこともある

「**❸自分でできること**は自分でやる」っていう姿勢も大事だね。

中 自分でできること？

国 部屋を掃除してキレイにするとか、ちょっとした備品を取り替えて印象を良くするとか、いろいろ手はある。

中 なるほど。そのあたりが株や投資信託と違うところね。

国 え？ そう？

中 だって、株や投資信託は買った人がその価値を上げようと思っても、何もできないでしょ？ ただただ、市場動向を見てるだけ。でも、不動産なら、手を入れた分だけ、空室期間は短くなる。

国 上手に設定すれば**❹家賃アップ**も可能。

中 努力したらした分、収入増につながる。

国 たしかにその意味では、自分で経営しているっていう実感がある。これが不動産投資の楽しみのひとつかもしれない。

中 他業種での起業にも役立つ経験かもね。

仲介を依頼する会社を探す

自分の物件にふさわしい、きちんと入居者をみつけてくれそうな会社の選び方

不動産会社と一口に言っても実際の業務内容は様々。仲介を依頼するときには自分の物件にふさわしい、きちんと入居者をみつけてもらえそうな会社を選ぶ必要がある。そのためには、不動産会社の種類を知ることからスタートしよう。

まず、大きく分けると、不動産会社は賃貸の仲介中心か、売買中心か、両方を扱っているかの3種類。当然、依頼したいのは仲介を中心とする不動産会社だ。次に違いが出るのはその会社が取り扱っている地域。これには

①全国レベル、少なくとも首都圏レベルを扱う、
②特定ターミナルから出ている複数沿線、自治体レベルで取り扱っている、
③最寄り駅、あるいは特定の駅中心に2駅、3駅程度の地域を扱っている

という3種類がある。

また、扱っている物件によっても違いがある。これには単身者向きのワンルーム、1Kなどが中心、ファミリー向きが中心、一戸建てが中心、系列会社の物件が中心、高額物件が中心などといったもので、その会社が扱っている物件情報から簡単に知ることができる。

◎不動産会社のいろいろ◎

●扱っている地域による不動産会社の違い

全国、あるいは首都圏全域を対象としている	取り扱い地域全域に情報を流してくれるので、幅広い地域からの集客が見込める。ただし、扱う物件が多いので、ひとつの物件にかける熱意、手間、時間は薄くなってしまいがち
特定ターミナルから出ている複数沿線、自治体レベルを対象としている	地元密着型の小さな不動産会社が成長したタイプが多い。特定の物件というより、幅広くどんな物件でも扱っている。地域の情報に詳しい
最寄り駅、あるいはその周辺の２駅、３駅程度を対象としている	地元で古くから営業している小さな不動産会社が中心。会社によってはその地域の物件を一手に扱っているほど、営業力があるところもあるが、ダメなところは全くダメ

●扱っている地域による不動産会社の違い

ワンルームなど単身者向きが中心	新宿、渋谷など人気ターミナル周辺に店舗を構えている場合が多い
2DK 以上、ファミリー向きが中心	郊外の人気駅などに店舗を構えていることが多い
一戸建てが中心	首都圏の西側地域など人気地域を中心に扱っていることが多い
高額物件が中心	都心部を中心に人気地域の物件を扱っている
系列会社の物件が中心	ハウスメーカー系、分譲マンション系が主なもの

（その他、デザイナーズ中心、自社で建設した物件だけなどの会社もある）

●物件の立地によって依頼する不動産会社を選ぶ

さて、では、いろいろなタイプの不動産会社のうちから、どこの会社に仲介を依頼すればいいのか。仲介中心の会社に頼むのは大前提として、考慮したいのは地域だ。物件のタイプについては極端に違わない限り、あまり気にしなくてよい。

では地域の考え方だが、これは自分の物件のある地域の競争力で考える。もし、自分の物件があるのが、首都圏全域から入居希望者を集められるような人気地域、人気駅に立地しているなら、広い地域から集客してもらえる、全国あるいは首都圏全域を対象としている不動産会社に頼もう。こうした会社では扱っている物件数が多いため、ひとつずつの物件の情報はどうしても薄くなりがちだが、人気エリアであれば、それでも見てみたい、借りてみようと思う人はいるので、問題はない。

そこまで広い地域から集客できるほど、人気があるとは思えない地域であれば、地域、沿線に強い不動産会社に頼もう。その沿線、ターミナルで探している人を確実に見込み客にできる不動産会社であれば、その中から入居希望者を見つけてくれるはずだ。

それよりさらに狭域、地元近くの人が住み替えで借りるケースが想定されるなら、地元の小さな不動産会社だ。丁寧な説明、案内で少ない入居希望者を確実に抑えられる不動産会社を選びたい。

ただ、例外もある。それは自由ヶ丘や下北沢などといった、超人気エリア。こうした場所であれば、どこの不動産会社に頼んでもさほど違いはない。だが、早く決めたいなら、地元の不動産会社が有利。これは単純に地元の会社のほうがスピーディーに動けるため。だから、いくらどこでも同じといっても、腰の重そうなおじいさんがやっている地元不動産会社では×だ。

●大手と地場では、どちらがいい?

たくさん広告を出し、店舗も営業マンも多い大手のほうが、早く入居者を見つけてくれそうな気がするが、それは勘違い。最近で大半の物件情報は不動産会社間の情報システムに掲載されており、そこでは依頼したい不動産会社以外の不動産会社でも入居者を見つけられるシステムになっている。そのため、入居者確保は不動産会社のやる気次第。規模の大小には関係がなくなっているのだ。

同様の意味で、複数の不動産会社に依頼しても、結果にはそれほど大きな差はない。仲介は依頼するだけなら、料金は発生しない。手数料は仲介が成立して初めて発生するので、複数の不動産会社に仲介を依頼することもできるのだが、いくつもの会社に頼んでいるとなると、それぞれの会社がやる気を出してくれるものかどうか……。それよりは1社に依頼、親密な関係を築き、確実な入居者確保につなげるほうが現実的だろう。

具体的な不動産会社選びは以降のページでまとめるが、注意していただきたいのは、最近、大家さんを食い物にしようと考えている仲介会社が少なくないこと。実際には出していない広告を出したとして広告料を要求したり、各種商品を売りつけようとしたりなど、あの手、この手で大家さんにお金を要求するなど。大家さんにどのような要求をするかは付き合ってみないと分からないが、こうした会社は、入居者に消毒費用や清掃代など、実態のない、あるいは本来不要なお金を要求したりもしている会社でもあるので、そうした点からチェックしよう。不動産会社は大事なビジネスパートナーだけに、規模に関係なく、地元の大家さん、入居者を大事にしている、信頼できる不動産会社を選びたいものだ。

仲介を頼むと、どんなことをやってくれる?

入居者の募集から審査、契約までを代行してくれる「仲介」のしくみ

賃貸の場合、仲介とは不動産会社が入居者を探してくれ、契約までを代行してくれることを指している。最近では自分でホームページを開いて入居者を募っている大家さんもいるが、やはり、それだけでは入居者を確保することは難しく、それなりのルート、ノウハウのある不動産会社に依頼するのが最も効率的なのだ。

さて、不動産会社に仲介を頼んだ場合、どんなことをやってくれるのか。それを時系列でまとめたのが、左ページ。主に情報誌やインターネット、不動産会社間の情報システムに物件情報を掲載、そこで集めた入居希望者に物件の説明をしたり、下見の手配などを行い、最終的には契約までというのが作業の流れだ。

これを見て、あれ、入居者が滞納したときの対応は?と思う人もいるだろうが、単純に仲介を依頼した場合、やってもらえるのは契約まで。それ以降の入居者への対応、家賃の滞納の保証などは仲介とは別に依頼すべき業務になる。このあたりは、一般に知られていないので、混同している人も多いと思うが、仲介以降の依頼をする場合には当然、別の料金が必要になってくる。具体的には後に詳述するが、そのあたりはきちんと認識しておきたい。

●仲介を依頼すると、こんな仕事をやってくれる

入居者募集

大家さんと相談の上、家賃、管理費や礼金、敷金などの条件を決定。広告を作成して、自社ホームページや情報誌、不動産会社間の情報システムなどに掲載する。相場を熟知している不動産会社なら適切な家賃設定をしてくれるので、入居者が決まりやすい。充実した自社ホームページがある会社ならさらに◎。

入居希望者とのやりとり

入居希望者からの問い合わせ、来店に対応する。物件資料を見せるのはもちろん、下見の手配、時には同行するなどして、入居希望者に物件をアピール。きちんと物件の特徴を説明してもらえれば、入居者は決まりやすい。地元に詳しい人に案内してもらうほうが有利でもある。

入居審査から契約まで

下見後、入居希望者から申込みがあれば、それを大家さんに報告、きちんと家賃が払える人かどうかなどの審査を大家さんとともに行う。信頼できる不動産会社であれば、お任せしてＯＫ。審査後、契約書を用意、契約日を決めて大家さん立会いのもとに契約。このあたりも、格段の要望がなければ不動産会社で手配しれくれる。

●営業力のある会社に依頼、空室不安を回避しよう

空室を防ぐためには確実に客付け（入居者を確保するという意味の業界用語）してくれる不動産会社を選びたい。では、その客付け能力、つまり営業力をどうチェックするか。ホームページ、情報誌、店頭とそれぞれで見るべきポイントを左にまとめたが、実はもうひとつ、大事な点がある。

それは営業マン。最近では以前より、不動産会社の敷居が低くなっているのか、長期間、何社もの不動産会社を回って部屋探しをする人が増えている。いろいろ見てみるものの、なかなか、決められない人が多いのだ。また、中には目先の変わったデート気分で物件の下見を楽しんでいる人もいるとか。さらに前述したように、どこの不動産会社でも同じ物件が流通している。となると、どこで決めさせるのか。それが営業マン。どこで見ても同じ物件なら、どこで借りても同じなら、この人から借りようと思う人の会社で借りるのだ。それを考えると、ユーザーにとって信頼できる営業マンがいる不動産会社が大家さんにとって客付けを頼みたい会社ということになる。

これを知るための手段として考えられるのはふたつ。ひとつはインターネットの地元情報掲示板などをチェックする方法。地元の話題の中で不動産会社関連のウワサ、評判、体験談などを探してみるわけだ。その地域に知り合いがいれば、評判を聞いてみるという手もある。

もうひとつは、依頼したいと思う会社を実際に訪問してみること。もちろん、仲介依頼には実際に行ってみなくてはいけないわけだが、最初は様子を見に行くにとどめておく。それで何社か訪問してみれば、その時の対応、社内での入居希望者とのやりとりなどから、どこが信頼できる会社なのかが分かってくるはずだ。

●不動産会社の営業力はココで見る

ホームページで

自社のホームページがあるなら、まずはそこをチェック。見やすい、分かりやすいページを作っているか、こまめに更新が行われているかを見る。物件、あるいは物件情報に◎月×日現在、あるいは更新日◎月×日などの記載があり、かつ、それが1週間以内で更新されているようであればＯＫ。

情報誌で

依頼しようと思っている会社の物件を何週か続けてチェックしてみる。2週程度ならいいが、同じ物件が3週、4週と掲載されているなら、客付けができていないということ。あるいは条件がいいのに、決まっていない場合にはおとり広告を出している可能性もある。

店頭で

よく物件チラシが貼られているが、それがいつのものかも分からない、古いものばかりという会社は×。入りにくそうな、暗い感じの雰囲気の会社も避けたほうがいい。最近では若い女性のいる会社も増えており、そうした会社のほうが若い層にはアピールしている。

●仲介を頼む場合、契約書は必要？

この会社に頼もうとなったら、物件の資料、鍵などを携えて依頼に行く。物件の近くに住んでいるなど、下見客が入った場合にすぐに鍵を渡せるなら別だが、そうでなければ不動産会社に鍵を預けておく方が、スムーズに動いてもらえる。入居者がいない場合は2本ないし3本の鍵を渡されているはずなので、そのうちの1本を預ければいい。もちろん、預かり証は忘れずに発行してもらう。

仲介だけの依頼の場合、一般的には契約書を交わすことはほとんどなく、たいていは口頭でのやりとり、あるいは覚書程度。そのため、後でどういう点で合意したのか、何を依頼したのかが明確でなくならないよう、自分でメモをとりながら打ち合わせを進めよう。

ここでまず決めたいのは家賃、管理費、礼金、敷金など。大家さんとしてはローンの支払いや利回りから考えてしまいがちだが、それだけで決めるのは危険。不動産会社に意見を求め、借りてもらいやすい、相場に合致した家賃を設定しよう。

家賃と管理費をどう割り振るかも、不動産会社に聞いてみよう。分譲物件の管理費をそのまま賃貸の管理費にすると、管理費が高くなりすぎ、借りてもらいにくくなる。そのため、実際に大家さんが払っている管理費が8000円だとしても、賃貸としての管理費は周辺相場に合わせて設定、差額分は家賃に算入するというやり方が多いのだ。どう割り振って、それぞれをいくらに設定するかは不動産会社の知恵を借りるしかない。細かく計算してもらって、決めるようにしたい。

広告に記載する内容も、ここで詰める。物件の特徴、セールスポイントは大家さんのほうが詳しいはずだから、それを説明。入居希望者にアピールする広告を作ってもらおう。

●仲介を頼むといくらかかる?

打ち合わせが済んだら、不動産会社は入居者募集を始める。見せてもらいたいと希望すれば物件広告は見せてもらえるはずなので、どんな広告で募集をかけているのか、確認してみてもいい。自分の物件が広く、世の中に広告されていると思うと、不思議な気分になるはずだ。

入居者募集が始まり、順調に行けば、1週間、2週間ほどで下見をする人が現れ、その中から申込みが入ってくる。しっかりした不動産会社であれば、こうした状況を細かく連絡してくれるはず。逆に、2週間、3週間、何の連絡もない不動産会社なら、他社への依頼を考えたほうがいい。

ところで、仲介を依頼した場合、気になるのは、費用の問題。いつ、どこで、いくら払うことになるのか。

基本的に仲介手数料は成功報酬。そのため、入居者が決まって初めて発生することになるので、少なくとも依頼時には払う必要はない。ただ、入居者募集のために広告費が必要なことがある。例えば物件情報誌に広告を掲載する場合には1物件いくらと料金が決まっている。そのため、依頼時にはどんな形の募集をかけるのか、かけたほうが決まりやすいのかという話が出るはず。そこで同時に費用の話が出るので、内容を確認、どのくらいの費用をかけられるのかを考えて、自分で判断しよう。ちなみに仲介手数料は家賃の1か月分が目安だ。

また、仲介以外に、入居者の管理、家賃入金確認などの業務を委託する場合には別途業務内容を記載した契約書を作ることが多い。そこでは依頼した内容の詳細とそのためにいくら、どのように支払うかが明記される。料金は内容次第なので、きっちり内容を理解して契約しよう。

●使用される契約書の確認をお忘れなく

仲介を依頼しに行ったとき、忘れずに確認したいのは、その会社が契約時に使っている契約書。不動産取引の契約書には一定の決まった書式がなく、各社が独自で作っているケースが大半。もちろん雛形があって、それに則って作られているので、大幅に他社と異なる契約書はないものの、会社ごとの差異は少なくない。そこでチェックが必要というわけだ。

具体的に見ておきたい点は原状回復の部分。ご存知のように、かつては借りている人が入居時の状態に戻すことと解されていたが、ここ数年でその認識は大きく変化した。年月の経過とともに劣化したもの、常識的な範囲で使用していたのに汚損したものなどに関しては、入居者ではなく、大家さんが負担して修理、補修すべきだという見解が一般的になってきたのだ。大家さんの負担が増え、大変ではあるのだが、客観的に考えると、家賃をもらっている以上、そこで普通に生活して磨耗、汚損した分は家賃分なのである。大家さんが負担するのは当然だ。

しかし、まだ過去の慣習にあぐらをかいた、古い契約書を使用している不動産会社も少なくない。東京都では経年変化に関して入居者が自分に責任のない修繕費を負担させられる必要がないように条例で指導しており、入居者の負担の範囲が曖昧に書かれている契約書では、後日入居者とトラブルになった時には大家さんが不利。「タバコのヤニで壁紙が黄色くなった場合には壁紙の張替え費用は入居者負担」など、具体的な書き方で、入居者、大家さん双方が納得できるような契約書を使用している不動産会社を選ぼう。また、最近では退去時に一律10万円を償却する、敷金の自動償却制を導入している会社もある。

●サブリースなら空室の不安はないが……。

大家さんにとって最大の不安は空室。家賃が入らなければローンが払えなくなり、経営自体が破綻をきたす可能性があるからだ。

そこにさし伸べられる甘い誘惑の手が「サブリース」。これから大家さんになろうという人には初めて聞く言葉かもしれない。

これは一括借り上げなどとも近しい内容で、不動産会社が物件を借りてくれるというもの。入居者を見つけたり、管理するのは不動産会社がやってくれるので大家さんは安心。貸している不動産会社からは安定的に家賃が入るので、空室の不安もなく、所有はしているけれど、大家さん業は何もしない、それがサブリースだ。

しかし、安心のためには費用がいる。不動産会社がサブリースする場合に設定する家賃は実際に不動産会社が入居者から徴収する家賃よりは当然、安く設定される。その差額が不動産会社の利益になるわけだ。

ただし、これが利用できるのは、立地がいい、広いなど、不動産会社が貸せると思う物件だけ。条件の悪い物件は相手にしてもらえない。だから、逆にいえば、サブリースをしてもらえる物件なら普通の不動産会社でも入居者を見つけれるということでもある。まだ、なんとか、入居者を確保できるということでもある。気弱になったときにはそう思って乗り切ろう。

「損して得とる」家賃設定のコツ

トータルの収支を計算しつつ、借りやすい料金プランを考える

募集時に不動産会社と相談、相場に合わせて家賃を設定したつもりでも、なかなか決まらないことがある。特に1月〜3月、10月〜11月など、住み替えの多い時期以外の募集では、1カ月はおろか、それ以上にわたって決まらないときもある。それを放置しておくと、経営状況は悪化、部屋も傷んでしまう。そこで空室が2カ月以上続きそうなときには、その時点で何か手を打たなくてはいけない。大家さんができる、借りてもらいやすくするノウハウのうち、そうした場合に考えるべきはお金面の工夫。では、何をしたらいいか。

まず、考えるのは家賃を下げることだが、これは最後の手段。というのは、家賃は一度下げてしまうと、2年間ずっと減収を余儀なくされてしまうため。最近では更新時に家賃を上げられないことが多いので、うっかりすると入居者が変わるまで、下げたままの家賃でいかなくてはいけない可能性すらある。家賃を下げれば入居者にはもっともアピールできるが、そうしたリスクと考えると、以下の、他の手段を試した上で、それでもどうしようもない場合にだけ、家賃を下げることを検討するようにしたい。

●礼金・敷金を下げる

首都圏ではこれまで礼金2カ月、敷金2カ月が一般的と言われてきた。しかし、ここ数年、変化が起きている。特に礼金ではその変化が激しく、都心部や一部の人気エリアを除けば礼金は1カ月あるいはゼロという地域が増えているのだ。

礼金は元々、住宅難の時代に、大家さんに貸してもらうことへの謝意を表わすものとして始まり、慣習として連綿と引き継がれてきたが、空室が増え、貸す側、借りる側の力関係が逆転した今では実態に合わないというのが、礼金減少の要因。そのため、相場として礼金ゼロの地域では当然、最初からゼロで募集をかけているはずだが、それ以外の地域であれば、空室期間短縮の手として礼金を減らすことを考えてみよう。周囲が1カ月、2カ月という地域で礼金がゼロなら、それだけで注目されやすくなるはず。

もうひとつの敷金は、家賃滞納時や室内の損傷・故障時などの担保として大家さんが預かるお金とされており、こちらも減少傾向にはあるものの、ゼロという地域は少ない。借りる人が少ない時期に借りてもらいやすくするキャンペーンで敷金を1カ月に、あるいはゼロにというケースや、会社単位でゼロにしているというケースはあるが、まだ主流とは言いがたい。そのため、敷金を1カ月、あるいはゼロにする手も効果的。特に都心近くなどであれば、かなり魅力的に思われるはずだ。

実際、国房も渋谷区の最初の物件で、礼金・敷金をゼロにする戦略に出て成功している。この地域では礼金は2カ月、うっかりすると3カ月で、敷金も同様に2カ月がスタンダード。そこで、礼金・敷金ともにゼロというのだから、注目される。それで入居者を確保したのだ。

●フリーレントで借りやすくする

もうひとつ、借りる人の費用負担を軽くして、入居してもらいやすくする手がフリーレント。これもなじみのない言葉かもしれない。内容としては入居後一定の期間の家賃をタダにするというもの。フリーレント1カ月というなら、入居後1カ月は家賃がタダということなのだ。

ただし、これをやる場合には契約書に特別の文言を入れるなどの注意が必要。礼金・敷金など他の費用を払っていれば、1カ月タダで住んで、その後、すぐに退去する可能性は高くはないものの、全くないとも言い切れない。そこで、フリーレントにする場合には最低でも6カ月は居住することなどの特約を入れるのが一般的。不動産会社と相談の上、後でもめることがないような契約書にしておこう。

●2年間トータルの収支と見た目の借りてもらいやすさを考える

礼金・敷金を減らす、フリーレントを付ける。どちらの場合も、大家さんの収入が減る手段のようだが、もちろん、減らすだけではダメ。その分、家賃を上げればいいのだ。一般に借りる人は2年間トータルでいくら払うのかという考え方をしない。だから、初期費用が安くて借りやすければ相場と比べて多少家賃が高くても気が付かないことが多い。フリーレントも同様。大家さんとしては2年間トータルで損をしないように設定できれば、借りてもらいやすさをアップした上、収入自体は減らさずに済む。具体的にどう考えればいいかを以下で試算してみたので、参考にしていただきたい。

◎損して得とる!家賃設定のコツ◎

●礼金・敷金がゼロでも損しない家賃設定

礼金・敷金が2カ月ずつで家賃が7万円

家賃　7万円 ×　24カ月 =　168万円
礼金　7万円 ×　2カ月 =　14万円
合計 182万円

礼金・敷金をゼロにして収入をキープするには?

$$\frac{182万円}{24カ月} = 約7万6000円$$

2年間のトータルが一緒ならOKと考える!

なぜ「敷金&礼金ゼロ!」で損しないのか?

上のように考えると、敷・礼2ヵ月で家賃7万円と、敷・礼ゼロで家賃7万6000円の2年間の収入は等しくなる。「敷金&礼金ゼロ!」のアピール力をどう考えるかは大家さんであるあなた次第だ

●「フリーレント1カ月」でも損しない家賃設定

フリーレントのない場合
（家賃のみの2年間の収入）

家賃　7万円 ×　24カ月 =　168万円
合計 168万円

フリーレントを1カ月つけて収入をキープするには?

$$\frac{168万円}{23カ月} = 約7万3000円$$

家賃をひと月分減らして考える!

フリーレントの場合も、計算の考え方は同じ。基準とする期間の総収入を保てるようにひと月の家賃を設定すればよい。例では、家賃を3000円アップすることで1カ月のフリーレントが可能になった

小さな修繕と工夫が、大きな収益を生む

ほんの少しの工夫で物件の魅力が向上！　高めの家賃もＯＫに

オーナーチェンジですでに入居者がいる場合はいいが、そうでない場合には空室時の手の入れ方も大事。ほんの少しの工夫が借りてもらいやすさをアップし、多少高めの家賃でも借りてもらえるようになることもある。手間を厭わず、工夫をすれば、それなりの効果があるのだ。

まず、基本的な心構えとしては、いつ下見に来られても大丈夫なように、日常的に気を配っておくということ。具体的には換気、清掃。締め切った部屋では匂いがこもりやすく、季節によっては害虫が発生してしまう場合も。そんな状態で下見してもらっても、借りてもらいにくいのは自明。理想は1日に1回、窓を開けての換気だが、近くに住んでいない限りは難しいので、そのあたりは管理を委託していれば、その会社にも相談して不動産会社にも窓を開けに行ってもらうなど、少しでも換気の回数を増やすように努力したい。害虫対策では空室になった時点で一度、害虫駆除の薬品を使い、徹底的に駆除しておくとよい。

匂い対策では訪問時に水を流して、排水口内などの水が腐敗するのを防ぐと同時に、排水口にラップで蓋をして、下水管からの匂いが上がってこないようにするのも手。芳香剤は空室時に使うと逆に匂いがこもりすぎることがあるので、無香料でおしゃれな消臭剤などを使おう。

●見えるところ、光るところを集中的に清掃

清掃では室内全体に埃がたまらないようにしておくのはもちろん、目につくところを一度集中的にキレイにしておくと、全体がキレイに見える。具体的には窓、キッチンや洗面所の蛇口、洗面所の鏡など透明だったり、光ったりするものなど。特に窓は面積が大きい箇所だけに、磨いてあるかどうかで全体の印象が左右されるので、一度きちんと磨いておこう。面倒なように思うだろうが、窓は霧吹き、軽く絞った雑巾などで濡らしてスクィージー（T字型の水を拭き取る道具。ホームセンターなどで購入できる）で水を拭えば、ものの10分ほどでキレイになる。市販の洗剤も各種あるので、ためしてみてもいい。

蛇口はドラッグストアなどで手に入る、洗剤不要のスポンジ状研磨材あるいは、古い歯ブラシと歯磨き粉でも十分キレイになるので試してみよう。キッチンのシンクも研磨剤で同様に磨くと見違えるようになるはずだ。注意したいのは鏡。水拭きして水を残したままにしておくと、曇りの原因になるので、水拭きで汚れを落としたら、その後、必ず空拭きをして水気をとっておくことを忘れないようにしよう。

清掃ではトイレやお風呂など水回りも大事。使っていないとトイレの水面に水しみができるが、これは放置しておくとどんどんとれなくなるので、気づいたら徹底的にケアしておく。また、水まわりは換気が悪いとすぐにかびてしまう場所なので、窓を開けると同時に換気扇を動かして風呂場の空気も入れ替えを。侵入の心配のない小さな窓があれば開けておいてもよい。

●取り替えるだけで、一気に好印象になるアイテムを活用

ちょっとした何かを変えるだけでも部屋の印象はがらりと変わるもの。数百円～数千円で購入でき、素人でも交換できるようなアイテムなら試してみても損はない。具体例を紹介しよう。

①蛇口のパッキン……水まわりには交換するだけで、効果の高いアイテムが目白押し。その筆頭がコレ。古くなると蛇口を閉めても、微妙にぽたぽた水が垂れるような感じになり、それだけで、手入れが行き届いていないように思われるもの。であれば、ドライバーがあれば素人でも簡単に取り替えられるので、すぐに交換を。なんと、ご予算は１００円以内。費用の割には効果は大きい。

②蛇口……こちらも意外に安く、ごく一般的なものであれば、１０００円くらいから購入可能。取り付けもそれほど難しくないが、これが新品になっているだけで、古い印象は一新する。

③シャワーヘッド……シャワー回りではシャワーヘッド、シャワーホース、シャワーカーテンが取替え可能。シャワーヘッドは１０００円～、ホースとシャワーカーテンは２０００円～で購入できる。ヘッドやホースは多少面倒だが、購入時に取替え方を聞いておけば、素人でも十分できる。

④トイレの便座……①～③に比べると多少お金がかかるが、それでも便座単体なら５０００円から。設置もドライバー１本でＯＫ。洗浄機能付き、暖房機能付きも自分で取替え可能で、探し方によっ

ては1万円台～。価格.COMなどでまめに探せば安く済ませられる。

⑤照明……ダウンライト、キッチンの蛍光灯など、以前から付いていたものであれば、電球を替えるだけで、明るさ倍増。部屋が広く見えてくる。照明器具の掃除をするだけでもぐんと違う。照明器具が付いていない部屋の場合、天井取り付け式のシンプルなものを付けて上げるのも印象アップに。これもさほど高いものではなく、数千円以内でOK。間違っても和室風のダサい照明やペンダントライトにはしないこと。

取り替えるのとは別に、置いておくだけで印象を変えられるアイテムもある。お勧めはカーテンとスリッパ。がらんとした室内は寂しく見えるものだが、カーテンが一枚かかっているだけで俄然、部屋らしく見えてくるのだ。また、カーテンは無難なクリーム色か薄いベージュが◎。こうした色は部屋の優しさ、暖かさを演出できる効果もあるので、夜間の下見には抜群の効果を発揮する。また、価格が2000～3000円のものなら、入居者が希望したらそのままあげてしまってもいい。

もうひとつのスリッパもできるだけ、趣味の出ないものを。キャラクターものや派手な柄ものはそれだけで忌避されてしまうこともあるので、ベージュやグリーンなど淡い、誰にでも嫌われなさそうな色、シンプルな形を用意。これも希望があれば上げてしまっても。イケアやニトリ、100均などを利用すれば予算は500円以内でも可。そして、購入費用はもちろん、経費に算入できる。これで空室期間が1カ月短縮できたら、十分元はとれる。空室が続いているときはもちろん、空室になったら、すぐに試してみていただきたい。

●「ちょっと差別化」が借りてもらいやすさアップに効果大

デザイナーズマンションの隆盛に見られるように「どうせなら他と変わった魅力がある部屋に住みたい」というニーズは根強い。といっても、普通の中古ワンルームではデザイナーズに太刀打ちできるはずはない。が、他の中古ワンルームとの差別化は十分可能だ。何かひとつ、他の部屋とちょっと違う、特徴的な点があればいいのだ。

具体的な例を挙げよう。これは国房が実践したことだが、コンセントプレートを変える。普通のマンションではベージュのプラスチック、無味乾燥はコンセントプレートが付いているはずだ。これをちょっと違うものに変える。それだけで、たいていの人は違う部屋に入ったような印象を受けるのだ。

しかも、コンセントプレートは、実は安いものなのだ。東急ハンズはもちろん、その辺にあるホームセンターで入手でき、お値段は数百円程度から。アルミ製のモダンなもの、タイルの絵の描かれた南欧風のものなど、形や材質は各種あるが、あまり、主張するものよりは、部屋のアクセントになるようなものがお勧めだ。

壁に、棚を作りつけた大家さんもいる。賃貸では壁に釘を打つ、穴を開けるなどの行為は厳禁。だが、大家さんであれば、自分の部屋である、釘を打とうが何しようがやりたいことができる。そこで自分が家具を配置することを考え、邪魔にならない場所に棚を吊ったのだ。奥行きは単行本が収まる程度。本を置くのはもちろん、このくらいあれば、小ぶりのオーディオを置いたり、観葉植物を飾ったりと、使う人が自由にアレンジできる。しかも、この例の場合、1段ではなく、3段。

棚板の縁の色は赤で、棚自体が部屋のインテリアになることを意識したとか。そのせいか、最初に下見に来た人がすぐ入居を決め、退去時には友人を紹介してくれたとも。ほんのちょっとの違いがおおいにアピールしたというわけだ。

1階の部屋で庭があるなら、観葉植物などを目につくところに植えてみる手もある。1階はどうしても暗く見えがちだし、湿けがちだと人気がないが、部屋から見える部分に明るい緑があれば、ネガティブな印象にはならない。国房は不動産会社の担当者に「ガーデニングができます」というセールストークをしてもらった。

最近では防犯に気を配っているという売り方もある。例えば、玄関ドアの鍵を侵入されにくいディンプルキーに変える。これについては管理組合の了承を得る必要があるが、反対されることはない。最新のものでも、自分で交換すれば数千円。ドアガードが付いていなければ、これも自分で付けられるので、取り付け。こうすれば、防犯に気を配っていますとアピールできる。もちろん、不動産会社の広告には、それを入れてもらい、営業マンにも説明してもらうようにすると、効果大だ。

防犯設備では窓に取り付ける予備キーや、センサー、風呂場の窓などに取り付けて覗かれなくするシートなど、簡単に後付けできる機器類が安価に売られているので、一度売り場をチェックしてみると、面白いアイディアが浮かぶかもしれない。

そのほか、部屋の条件によってまだまだやれることはあるはず。部屋を真っ赤に塗るなど、入居者を限定するようなものでは困るが、そうでない、ちょっとした差異なら、面白がられる可能性は大。試してみよう。

コラム

新築マンションのモデルルームはアイデアの宝庫

どんな部屋が「うける」のか？　アイデアに悩んだら、最近人気の間取り、設備、インテリアなどが分かる、新築マンションのモデルルームへ行ってみよう。

マンションの広さの感覚を実感できるし、今どきの住まいに求められているものがタダで理解できる。

もちろん、設備などをそのままは真似できないけれど、ドアストッパーや傘立てのような小物類なら、賃貸物件でも取り入れられないことはない。

通販カタログもアイデアの宝庫だ。

照明器具やコンセントプレート、マットや収納小物など、手頃な価格で各種商品が見比べられる。

書店やコンビニですぐ、しかも無料で手に入るから、活用しない手はない。

また、最近話題のＩＫＥＡも、手頃な照明器具などが揃うのでお勧めだ。

室内に1点カラフルな品を置くと、他と違って見えるものだが、そのテクニックも学べる。

第8章　お金の管理

「次の投資」に備える管理システムを作り上げよう！

186ページ～

❶確定申告

不動産投資の魅力のひとつが、積極的な節税対策が可能になること。それに必要な知識を身につけるためにも、確定申告は自分でやろう

194ページ～

❷経営者として考える

経理の負担を軽減し、資金計画にも役立つ入居者管理システムを準備しよう。クールな経営者感覚が大切だ

この章のキーワード & イントロダクション

国房敬一郎（国）＋中川寛子（中）

中 物件を買って、入居者が決まったらひと段落ね。入居者がいる限りは、特にやることがないわね。

国 何言ってるの？ 細かい経費を日常的に記録しなきゃいけないし、春には**❶確定申告**も必要だし、けっこう毎日、細々した作業があるんだよ。

中 確定申告～。やったことないなあ、難しいの、それ？

国 日本の場合、普通のサラリーマンならやらないね。

中 ということは、海外ではやるの？

国 アメリカだと、全員やらなくちゃいけない。だから、彼らは税に対して意識が高いんだ。

中 自分がいくら払うか、日本だとあまり認識できないものね。何に使われていても、まあ、いいやって感じになるわ。

国 でも、自分で管理して払うようにすると、意識が高くなるよね。それに、事業に対しても自分で判断、**❷経営者として考える**習慣が身につく。

中 でも、いきなり全部自分でやるのは難しいんじゃない？

200ページ～

❸次の投資

物件メンテの費用などを準備しつつ、2件目、3件目の頭金を貯めよう。5年、10年、長期の運用を視野に入れることで、投資の基本である「複利のうまみ」を活かすのが不動産投資の極意だ

国 まあね、最初はとっつきにくいよ。出てくる単語すら分からなかったからね。でも、税務署や会計事務所など、相談する場所もあるし、便利な経理ソフトもある。

中 やるつもりになれば、素人だってできるのね。

国 そう、それにきちんとやっておけば **❸次の投資** も可能になる。

中 次の投資？

国 家賃収入で資金が貯まったら、それを元手に2軒目、3軒目ができるじゃないか。

中 きゃあ、そうしたら、働かずに家賃で食べていけるわね～。

国 まあ、そこまでの道はちょっと遠いけれど、夢ではない。

中 そういう目標があれば、頑張れる気がしてきた。

国 急に元気になったね。

中 うん、目の前ににんじんがないと動かないタイプなのよ。

国 あ～あ。

お金の管理はきっちりと

積極的な税金対策を行ってこそ、不動産投資のメリットが享受できる

不動産投資の利点のひとつは、銀行からお金を借りられること。そしてもうひとつの利点が積極的な税金対策が取れることだ。不動産を運用し、安定した利益が出せるだけではまだ半分。税金対策まで踏み込んでこそ、本当の利点が享受できる。そのために必要なのが次のようなことだ。

①経理は自分でやろう

サラリーマンであっても不動産投資を始めた次の年からは確定申告が必要になる。これまでやったことのない人には、帳簿を付ける、複式簿記が必要などと聞くと、そんな作業は無理と、会計事務所に丸投げしたくなるかもしれない。しかし、それでは経営をしていることにはならない。会計事務所に払うお金がもったいないのはもちろん、自分の出費したお金がどのように使われ、利益に結びついているのか、業務の流れがどうなっているのか、今後何にいくら投資したらどのくらい利益を上げることができるのかなど、経営者としての考え方はお金の流れを知ることから始まる。それを他人任せにしていては、本当の意味で経営者になることはできないのだ。

それに、難しいように思うだろうが、最近の会計ソフトは家計簿感覚で利用できる。領収書や通帳の入金履歴を入力しているだけで、帳簿や確定申告提出用紙まで丸ごと作ってくれる。パソコン

が扱える人なら誰でも使えるといっても過言ではない。まずはチャレンジしてみよう。

また、不明な点、自信がない部分は会計事務所や税務署など、専門家に相談する手もある。特に税務署と聞くと、敷居が高いように思うかもしれないが、繁忙期以外は親切に相談に乗ってくれる。しかも、無料だから利用しない手はない。

②事業のお金と個人のお金はきっちり分けよう

ローンを借り入れる銀行に個人の口座があった場合には、事業用の口座を別に作ろう。こうすることによって、事業のお金、個人のお金が明確に分けられる。そうすれば、ちょっとお金が貯まったからと無駄な買い物をすることがなくなるし、何より、会計処理が楽になる。同じ通帳にある、似たような出費を事業用、個人用と振り分けるのは手間だし、税務署に怪しまれることにも。それよりは、はっきり分けて、使途を明確にする。それによって、事業資金という意識も高まってくるはずだ。

③長期計画を立てよう

不動産投資は、1回やったら終わりというものではない。家賃収入で得たお金を元に、さらに投資を続けることもできるのだ。そのためには、自分でお金の流れを見ながら、長期的な計画を考えていこう。例えば所有している不動産の修繕を行う場合にも、入居者から言われたからやる、あるいは空室対策としてやるのではなく、全体の利益、収支計画の中で来年になってから支出するより、今年のほうが税金対策になる、あるいは、収支を改善できるなど、前向き、長期的な計画の中で判断するようにするのだ。そうしていけば、次にいつ、どのくらいの投資ができるかなども考えられるようになっていくはずだ。

しっかりやろう、確定申告

確定申告をキチンと行い、節税メリットをバッチリいただこう

言葉としては知っていても、実際に確定申告をしたことのある人はまだ少数だろう。しかし、不動産投資を始めたら、翌年からすぐに確定申告が必要になる。面倒と思う人もいるだろうが、これをやることで、税金に対して、お金に関しての知恵は格段にアップする。ぜひ、本気で取り組むようにしたいものだ。

●最初のステップは個人事業登録

確定申告は前年度分の所得を翌年の3月15日までに申告するというものだが、不動産の購入が決まったら、その前にまず、個人事業登録をしてこう。これは、不動産投資が事業と言えるかどうか、非常に微妙な点があるため、あえて、事業であると登録し、税制上のメリットを確実に得るためのものだ。

一般に不動産投資では、10部屋以上を所有している場合を、事業規模で経営しているとされる。だから、我々のように、ワンルーム1室、10戸未満の場合には、単に不動産収入のある個人であるという認識になる。すると、事業であれば受けられる青色申告控除（最大65万円まで経費と認め、

その分の利益を控除してもらえる）が受けられないし、経費として落とせる範囲が狭められる。不動産所得のある個人の場合、不動産の修繕費用や管理費など直接不動産に関わるものしか経費にできないのだが、これが事業になると、事業を続けていくための事務所が必要だし、業務には文房具やパソコン、ファックスもいるとなり、結婚しているならば、配偶者への給料支払いなども可能になる。つまり、事業として認められれば、間接的に不動産投資に関わるもののすべてを経費として計上でき、自宅家賃や固定資産税の一部も経費として認めてもらえるのだ。

では、ワンルーム1室しか所有していない不動産投資家の場合、どうすればいいのか。10戸未満の不動産所有であっても、それを事業として認めてもらうための秘策が個人事業登録なのである。不動産経営が単体で事業にならないのであれば、個人事業登録で何らかの事業を行っていることにすればいいのだ。簡単なところで言えば、インターネットで事業を行うなど。事業は成功するとは限らないし、準備に時間がかかることもあるので、売り上げが無くとも、理由を説明すればいいだけの話。それよりも、ここでのポイントは、事業として認められるということ。儲かる仕事、事業である必要はないのだ。

個人事業登録の手続きは、管轄の税務署で「個人事業の改廃業等届出書」を提出するだけ。ただ、注意が必要なのは、サラリーマンの場合は開業届を受理してもらえない可能性があること。個人事業登録をすれば、サラリーマンとしての所得を減額できるため、実際に事業を行っていなくても登録する人が多いので、税務署としては、会社からの給料が主であるサラリーマンは、他収入は雑収入で処理すべきと考えているらしいのだ。登録してもらうためのコツは、サラリーマン然とした格好を避けること。スーツを避け、ジーンズなど、思いっきりラフな服装で行くのがお勧めだ。

●同時に青色申告承認申請書を出そう

さて、個人事業登録をして、事業として認めてもらっても、青色申告ができなければ、控除が受けられず、あまり意味はない。そこで、個人事業登録と同時に青色申告承認申請書を出そう。これは青色申告をしようとする年の3月15日までか、あるいは1月16日以降に事業を開始した人はそれから2カ月以内に税務署に提出するもの。個人事業登録を行ったその足で同時に行えれば効率的だ。

青色申告を行うためには、賃借対照表や損益計算書など正規の簿記を行わなくてはいけないが、191ページで紹介する会計ソフトを使えば、さほど難しいことはない。それ以上に青色申告で得られる控除は大きく、ワンルームへの投資であれば、利益がまるまる控除され、税金が不要になる可能性が高い。経費が計上できるようになるのは「個人事業の開廃業届出書」に記載された事業開始日以降。今年は本気で不動産を購入するぞと意思が固まったら、そのための準備の経費も計上できるよう、この2つの申請書を出しておこう。

結婚していて、配偶者を従業員として給料を出す場合には、もう一種類、「青色事業専従者給与に関する届出書」なども必要になる。このあたりは、個人事業の関連書籍を読むか、税務署で詳しく質問してみるといいだろう。

◎必要書類のダウンロード◎

個人事業登録申請書	http://www.nta.go.jp/category/yousiki/syotoku/annai/04.htm
青色申告承認申請書	http://www.nta.go.jp/category/tutatu/kobetu/houzin/35/pdf/045.pdf

●忘れずに細かく毎日の入出金を管理

毎日の入出金はその日のうちに処理するようにしておこう。でないと、どれが何の出費だったか、分からなくなってしまい、作業が煩雑になる。毎日やるのは面倒と思うかもしれないが、溜めてしまうほうが、もっと面倒なので、念のため。

会計ソフトに入力すべきものは大きく分けて2種類。銀行を通じた入出金とそれ以外の領収書などだ。まず、銀行を通じた入出金に関してだが、これは、必ず通帳を作って、それを利用すること。最近では通帳を発行せず、WEBや書類送付で明細を確認するような口座やサービスもあるが、入力作業には通帳があったほうがラク。また、融資時の自己資産を証明する書類としても役立つので、通帳は必須と考えておこう。

通帳利用時に大事なのは、こちらから振り込んだ場合の扱い。家賃などの入金は通帳に送金者が記載されるが、自分が振り込んだ相手は記載されないATMもある。そこで、銀行から振込みで支払いした場合には、通帳に誰に、何の目的で振込みしたのかを忘れず、メモしておこう。

次に領収書。受け取った領収書は大切に保管しておくのが基本。電車利用で不動産会社を訪問したなど、領収書がもらえない場合には、いつ、誰を訪ねていくらかかったかをメモで残しておく。電車や地下鉄利用にはパスネットなどを利用して領収書をもらう手もある。

青色申告をする場合、経理関係の書類は7年間保存しておく必要がある。領収書など、整理しておかないと無駄に場所をとるので、専用のファイルを用意したり、費目ごとに分類したりなど、自分なりに効率的なやり方を考えるようにしておきたいものだ。

●経費にできるのは、どんな支出？

まず、不動産投資に直接関わるものがある。具体的な内容としては、不動産購入時の諸経費（◎ページ参照）、購入後の不動産取得税、固定資産税といった税金、不動産管理会社に支払う管理費、管理組合に払う管理費や修繕積立金、入居者が退去した場合の清掃代や修繕費、不動産購入に利用した銀行ローンの金利、不動産の減価償却費など。

次に不動産投資に間接的に関わるもの。これには、現地の下見などに利用するデジタルカメラ、不動産会社のやりとりに利用するファックスやその備品。ローン電卓、個人用名刺、物件見学地までの交通費、不動産投資の書籍など投資物件を探すために必要なもの。そして不動産管理会社への手土産や会食費など不動産運営に必要なものも挙げられる。

さらに、事業とした場合には、事務所家賃（自宅の家賃の一部）、通信・光熱代（自宅の電話や電気代の一部）、パソコンや会計ソフトなど事業運営に必要なものが経費になる。

つまり、不動産投資に直接関わるものは100％、それ以外のものも、かなりの割合で経費にできるというわけだ。ただ、間接経費については、何のために使ったか、どうして必要だったかなど、費用の根拠を明確にしておく必要がある。例えば、自宅を事務所をして家賃の一部を経費にするとしよう。その場合、自宅でもある以上、100％が経費にならないのは、誰にでも分かる。そこで、家賃の7分の1、約14％を経費として申告しようとするなら、「週に1日は事務所として使用しています」という具体的な説明が必要になるというわけだ。

●経理ソフトは1～3万円のもので十分

税制が毎年変更されるため、経理ソフトは毎年改定される。つまり、毎年買わなくてはいけない上に、経理作業自体を本業にするわけではないことを考えると、高いものを購入する必要は全くない。パソコンショップなどで販売されている1万円～3万円のもので十分だろう。しかし初年度はもったいないと思っても、不動産投資を始めた時点で購入することをお勧めする。というのは、経理ソフトの新バージョンの発売は税制改正後の年明け早々。だが、それから初めて経理ソフトに取り組み、3月の確定申告に臨むには少し無理がある。年明けにまた買わなくてはいけないものの、それまでに旧ソフトで経理作業に慣れておけば、確定申告初体験も順調にできるというわけだ。

さて、選び方だが、ポイントは「費目」を意識せずに入力できるかどうか。費目とは経理上の費用の分類のことで、会社で行っている精算を考えれば分かりやすい。通信費、交通費など、会社によって多少異なるが、使ったお金を項目別に記載している、アレである。

経理ソフトを難しいと思う原因の大半はこの費目分けが分からないという点にある。そこでソフトを選ぶ場合には「不動産管理会社への管理費の支払い」というメニューを選んで入力すれば、自動的に「外注管理費」の費目に入力されるなど、自動的に費目を選択してくれるかどうかを選択基準にしよう。これについては店頭でデモを見たり、体験版で試してみたり、店員に質問するなどして、使い方を確かめよう。年末年始には新バージョンのデモ、説明資料が豊富になるので、その時期にチェックすると確実だ。ちなみに、国房のお勧めは「やよいの青色申告」「弥生会計スタンダード」など。といっても相性もあるので、自分の目での確認をお忘れなく。

分からなかったら、専門家に相談しよう

税務署や国税局、会計事務所など、確定申告にはプロの手助けも必要になる

初めての不動産投資、初めての確定申告となれば、誰しも分からないことが出てくるはず。その時は専門家に相談しよう。さて、その場合、「分からない内容」に合わせて、誰に相談すべきか。

①何が分からないのかが分からない、用語もまったく分からない

これは簡単。勉強が足りない。例えば、前ページで挙げた費目。「印紙の購入代はどの費目に入るの？」などといった分からなさ、だ。これについては会計ソフトのヘルプ、インターネットで分からない単語を検索するなどすれば、多くの解説が出てくるはず。とりあえず、調べてみれば、それで疑問は解決する。

②個別のケースの具体的な対処法が分からない

この場合は不明な点は明確だが、インターネットの相談コーナーを見ても曖昧にしか掲載されていないような内容が中心。例えば「10万円、敷金を預かり、そのうちの20％を現状回復に充てて、残りの8万円を入居者に返還する。その場合の20％はどのような意味の費目に分類すればいいのか」などといった具合。

こうした一般的な内容は税務署または国税局の相談窓口を利用するのが手。5月～11月なら、窓

口は空いており、とても親切に教えてくれる。ただし、確定申告の時期は混みあうので避けたほうが◎。それ以外なら無料で何回でも教えてもらえる。①のような全く分からないときでも質問は可能だが、教えてもらえるのは税に関してだけ。費目は会計の分野なので、教えてもらえない。

③節税に関するノウハウ

これに関しては税務署に聞いてもダメ。教えてくれるワケはない。当たり前である。そこで、この場合には有料になるが、会計事務所などに相談する。例えば、減価償却費（時間により、価値が下がることへの経費）は建物と土地の価値をどう分けるかで決まる。建物の比率を高くしたほうが、減価償却費、つまり経費が増やせるので、どうすれば建物の比率を増やせるかといった質問である。

会計事務所と顧問契約をすると、毎月2万円～3万円の顧問料が必要になるが、スポット相談なら1時間1万円程度。最近では会計士、税理士を探すサイトがあるので、そこで近くの事務所を探し、コンタクトしてみるといいだとう。ある程度勉強してから、分からない点をまとめて相談すれば効率的に要点がつかめるはずだ。

◎税金についての疑問はここで調べる◎

●国税庁のWebサイト

個人向きに税金についての質問、調べる場合の資料のありかなどが明示されている。簡単な、よくある質問なら「税のQ&A（タックスアンサー）」で調べられるし、実際に質問に行く場合には「税務相談室の所在地・連絡先」で最寄りの電話相談窓口を調べることができる

http://www.nta.go.jp/homonsha/kojin.htm

自分なりの入居者管理システムを作ろう

しっかりと管理しておけば、資金計画も確定申告もラクになる

1室、1人の入居者なら管理も簡単だが、せっかく不動産投資を始めたのなら将来増えていく物件のことを考え、自分なりの管理体制を作っておこう。何度も繰り返しになるが、投資とは複利で増え始めてこそ、加速度的にリターンが得られるのだ。

さて、自分なりの物件管理システムもしくは管理帳を作るのには大きくわけて3つの目的がある。

①確定申告時の決算書に役立てる

確定申告で青色申告を行う場合は不動産の決算書を出すのだが、その際に「不動産所得の内訳」という書類がある。これには、物件名称、物件の住所、入居者名、賃貸期間、貸付面積、毎月の賃料、入居者ごとの年間賃料、礼金、敷金といったこと細かい内容を記載するもの。

もちろん、確定申告の時期に慌てて調べて、作ってもよいのだが、せっかくなら自分なりにあらかじめ、まとめておきたい。特に物件の住所などは契約が終われば忘れてしまう人も多いようだが、いろいろな場面で使うことがあるので、忘れないよう、資料は一式まとめておこう。

②空室を予測、事前に対策を立てる

いつ入居者が退去し、空室になるのか、これはオーナーにとって非常に切実な問題である。基本

的には入居者次第なのだが、実はある程度は予想ができる。更新料を払うなら、住み替えようと思うのだろうか、多くの入居者が更新を機に退去するのだ。

つまり契約更新日は退去候補日なのである。契約更新の3カ月前には入居者に更新の意思があるかどうかを書面で問い合わせることが多いが、その時点で退去を予想していれば、早期に新規募集の準備を始められる。不動産会社への連絡はもちろん、退去日から新規募集までの清掃、修繕の段取り、また、新規募集の際の条件など、時間があれば、じっくり事前調査もかけられる。退去が決まってから慌てるより、効率的に、空室期間を作ることなく、次の募集にかかれるのだ。

③修繕費用がかかる時期の予測、その準備をする

ワンルームマンションなど一部屋だけの賃貸不動産を所有している場合、自ら修繕費用を捻出しなければならないのは、退去時・エアコン破損時・給湯器破損時などである。

その中で、一番大きな出費が必要になるのは退去時である。まず間違いなく壁紙の張替えがあり、これがある程度の金額になる。だが、この時期は②の退去日の予測で分かってくる。

次にエアコンと給湯器。ともに数万円の出費になるため、いつ、交換が必要になるかを把握しておく必要がある。通常の耐用期間は10年といわれている。実際にはもう少し使用できるのだが、10年も経つと、故障が多くなる。そして20年持つ製品は珍しく、そもそも、部品が少なくなり、修理が面倒になってくるので、中間をとって、15年をひとつの目安としておこう。

そこで、管理システムには使い始めた時に何年目だったか、15年目がいつになるのかを記載しておく。そうすれば、そのために少しずつ、修繕費用を積み立てておけるわけだ。また、その他の細かな修繕についても記録をつけておけば、次回、いくらくらいかかるのかの目安になる。

●入居者管理システムの作り方

前述のような目的に合わせて、入居者管理システムに盛り込む内容を考えてみると、下のような項目が必要であることが分かる。

非常に多いように感じるかもしれないのが、一度作ってしまえば、確定申告や、次回、銀行に融資を依頼する時の状況報告などの際、過去の契約書類などを引っ張り出してきて何度も確認する手間が省ける。

またエクセルなどで列ごとに項目で作っておくと、家賃や修繕費に変化があったときにも、変更点だけを修正すれば、全体の収入がどう変化するか、非常に簡単に把握できる。これさえあれば、すぐにおおまかなキャッシュフローが計算できるというわけだ。

つまり、一度、この自己物件管理の表を作っておけば、次に投資を考える物件が

◎入居者管理システムの必要項目◎

基本情報	物件名、物件の部屋番号、物件の住所、貸付面積、入居者名
収入情報	毎月の家賃、毎月の管理費あるいは共益費、毎月の消費税、毎月の家賃の合計額、年間家賃合計額
経費情報	建物の毎月の修繕積立金額、同様に管理費額、不動産会社に支払う不動産管理費、毎月の経費の合計額、年間の経費の合計額、毎月の銀行ローン支払額、年間の銀行ローンの支払額
利益計算	毎月の利益、年間の利益、そこから算出される実利回り
契約情報	契約の開始日、契約の更新予定日
契約時費用情報	礼金、敷金、更新料
修繕情報	エアコン使用期間、給湯器使用期間、過去修繕内容履歴メモ

あったときに、ここに、必要な費用を入れれば、キャッシュフローが計算できることにもなる。試算ができていれば、これはそのまま、銀行への融資依頼のための資料になる。新しく、イチから作り直すことを考えれば一挙両得。現在の物件管理が、将来の投資への布石にもなるという仕組みなのだ。

また、エクセルで作成するなら、更新日からさかのぼって90日、3カ月前にアラートを自動的に出すようなシステムも有効だ。具体的には、図のような計算式を作り、更新日の90日前が過ぎたら注意を促すというもの。これなら、他の仕事が忙しい時期に更新が来るとしても忘れたりすることがなく、安心だ。

◎更新日を忘れない工夫◎

●Excelで作ったアラートシステム

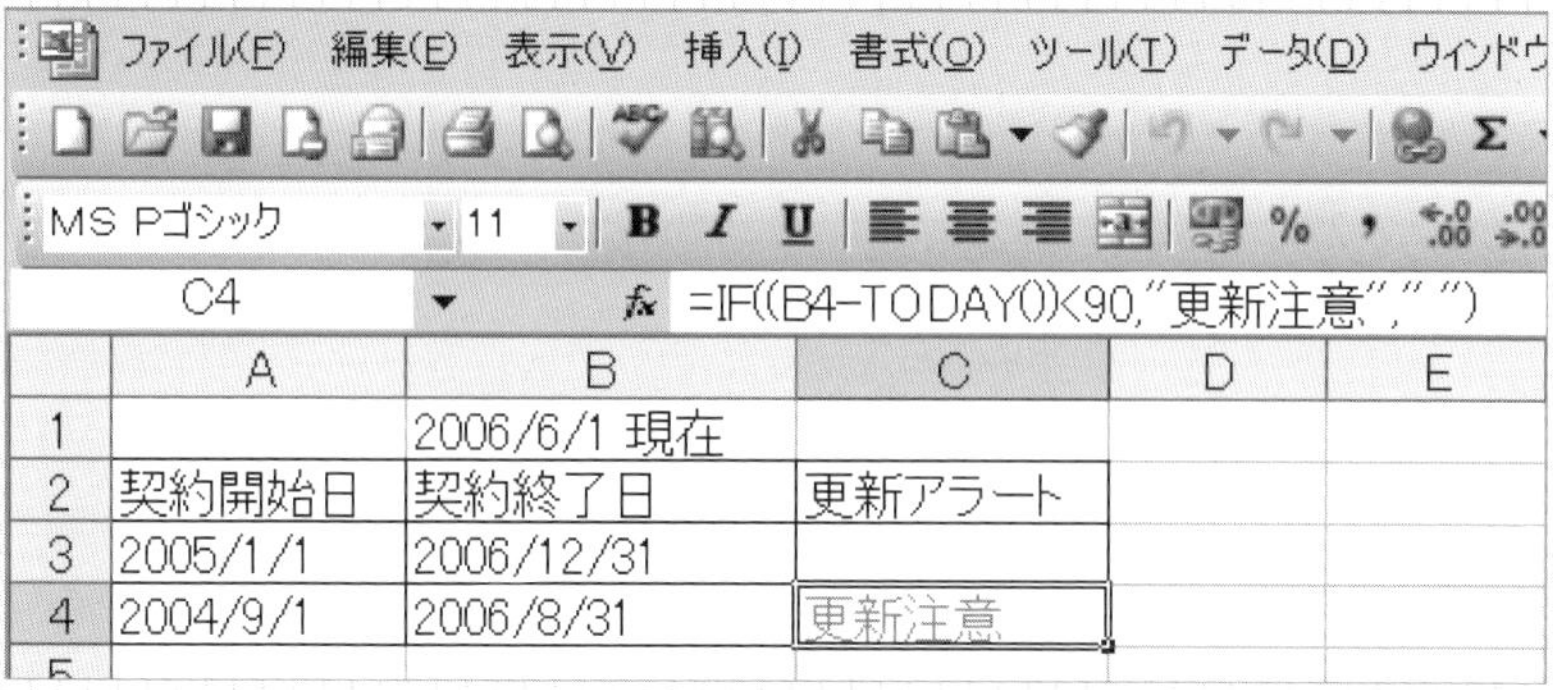

	A	B	C	D	E
1		2006/6/1 現在			
2	契約開始日	契約終了日	更新アラート		
3	2005/1/1	2006/12/31			
4	2004/9/1	2006/8/31	更新注意		

更新日の3カ月前にアラートを出すシステム。
=IF((更新日-TODAY())<90,"更新注意"," ")
ここではExcelで上のような式を使っている

●クレームへの対応も大事

細かいことなら入居者自身が対処してしまうからだろう、クレームは意外に少ないものだ。よくあるのは、入居後1カ月間で、具体的には何かが動かない、点かないなど、ある種、初期不良に近い内容だ。しかし、それ以降は退去までまったくないことが多い。

しかし、めったにないからこそ、クレームがあった場合には、緊急事態である。何しろ、入居者は面倒な電話連絡をしてまでも、解決してもらいたいと考えているのである、迅速な対応をしなければ退去される可能性もあるのだ。

クレーム対処の際に大事なのは予算を度外視すること。特に水漏れなど、入居者だけでなく下の階の入居者などに2次被害が及ぶようなケースでは、費用を惜しんで、対処が遅れると、逆に出費が増える可能性がかかるのだ。また、お湯が出ない、風呂に入れないなど2次被害が出ないケースでも、自分がその立場で被害にあったら、どう思うか。それを想像、素早く誠意を持って対処しよう。

通常の修繕であれば、見積もりを依頼、2日~3日後に出た見積もりをじっくり比較検討してから結論を出す。しかし、クレームの際には予算は概算だけ聞けば十分。すぐにGOを出そう。また、物件の管理を不動産管理会社に任せている人なら、いくらまでならすぐにGOしてもいいか、修繕額の許容範囲を事前に伝えておくことをお勧めする。例えば、1回あたりの修繕額が2万円以内なら、不動産会社の判断で修繕し、事後報告でよいとするなどである。こうしておけば、連絡が取れずに、修繕ができないといった事態を回避でき、入居者に不快な思いをさせずに済むというわけだ。

●家賃支払いの遅れには素早い対応を

家賃の遅れにもスピードが必要だ。基本的には入金予定日に入金がなければ、翌日、朝一番に連絡。管理会社に任せている人なら、事前に管理会社の対処方法を聞いておくこと。

家賃の遅れは大事件の前触れといってもいい、大問題なのだ。

想像してみてもらいたい。1カ月分の家賃を滞納しなくてはならなかった経済状態の人間が、2カ月目、3カ月目の家賃をまとめて支払えるだろうか。特に単身者であれば、毎月の家賃を払うだけでも大変。それが2カ月分、3カ月分になれば、払う意思があっても、現実問題として払えなくなってくる。

そうなると、通常、親類に頼る以外、まず払えない。もし頼れる親類がいなければ？

最悪の場合は夜逃げか、自殺である。

夜逃げなら家具などの処理が面倒で、それはそれで大変だが、まだまし。不動産経営で一番怖いのは地震などの自然災害以外では自殺なのだ。自殺があった部屋はその後の入居者が見つけにくくなるし、家賃を下げるなどの必要も出てくる。となると、経営自体が立ち行かなくなることもありえるのだ。なので、絶対に1カ月以上、家賃支払いが遅れる事態を許してはいけない。延滞する人間は何度でも繰り返して延滞するから、早いうちにその芽を摘み取らなくてはいけない。延滞があったら、翌日に電話、続いて手紙、そして1カ月過ぎても支払う気配がなければ、内容証明郵便で契約書に違反していること、それにたいして強制執行などの手段も辞さないことを伝える。滞納が2カ月になったら、強制執行の準備を始める。家賃滞納にだけは、断固とした姿勢で臨もう。

物件メンテのための予算も計上しておこう

目安は家賃の10％。修繕のための予算を確保しよう

入居管理システムを作れば、いつ、どのくらいの修繕費用が必要になるか分かるようになる。時期、必要額が分かったら、その修繕費用を自分なりに貯めていこう。

その際に気をつけておきたいのは、不動産投資のお金と個人のお金を分けて管理すると同時に、不動産投資のお金と他の投資のお金も分けておくこと。不動産投資は安定的に収益が上がるが、その分、投資もしばしば必要になる。そのときに、収益を金融商品などに投資してしまっていては、必要なお金を必要なときに使うことができない。特に忘れがちなのは、敷金は預かっているだけのお金であるということ。敷金は会計でいうところの長期借入金であり、いつかは返さなくてはいけないお金なのだ。

特に最近、国土交通省や東京都などが原状回復にあたっては、入居者の故意、過失などがない限り、大家さんが負担すべきとの原則を打ち出しており、退去後の部屋の掃除や修繕、リフォームは大半が大家さんが費用を出さなくてはいけないことになっている。部屋の広さやグレードなどにもよるが、そのために必要なのは家賃の2か月分以上。ということは、入居者が退去するときには、手持ち現金から預かっていた敷金2か月分と、新たに家賃2か月分に相当する修繕費などがまとめ

て出て行くことになるのだ。そしてもちろん、空室になっている間は家賃は入ってこない。もちろん、入居者が入ってくれれば、敷金も再び入ってくるものの、キャッシュフローが一番厳しい空室期間は必ず来るのだ。

そういった、入金の空白期間をカバーするためには、物件メンテナンス用のお金は他のお金とは別に確保しておくことが大事。もちろん、敷金には絶対に手をつけないこと。

では、どのくらいの予算を確保しておけばよいか。

目安としては、月々の家賃のうちの10％を修繕のための予算としてプールしておくようにしたい。そうすれば、更新までの2年間、24ヶ月の間に家賃2.4ヶ月分の修繕予算をためることができる。もちろん、2年で退去しなければ、そのうちの一部は他の用途に充てることもできる。次の投資に向けた原資に充ててもいいだろう。

ところで、こんなに出費が続いて、それでも儲かるのだろうかと思う人もいるだろう。月々の家賃から、諸経費を払い、そこからさらに家賃の10％を貯蓄……。しかし、それでも、利回りのいい物件を選べていれば、家賃の半分程度は手元に残るはず。そして、そこからが問題だ。手元に貯まっていくお金をどう使うか。遊びに使ってももちろんいいが、できれば、もう少し我慢、5年待って欲しい。5年あれば、2軒目の不動産購入の頭金ができているはずだからだ。そうなれば、しめたもの。投資は複利で運用することで旨味が出る。年利10％を複利で運用すれば、10年ではなく、7年で倍になるのだ。そうすれば、サラリーマンの収入だけに頼らなくても済むようになり、自分のやりたい道を選択する自由も生まれてくる。つまり、不動産投資はお金を生むだけではなく、自分の人生を会社から自由にしてくれる、自分らしい生き方を可能にしてくれる手段でもあるのだ。

【おわりに①】

●タイムマシンがあったなら

いきなりですが、今、タイムマシンがあったなら、7年前の自分に3つの本を贈りたいと思う。1つはロバート・キヨサキ氏の「金持ち父さん・貧乏父さん」、2つ目がロバート・アレン氏の「ロバート・アレンの実践億万長者入門」。そして3冊目に贈りたいのが、この本。

それは不動産投資を始める時に読む、良い初心者向け実践本が無く、すごく苦労をしたから。

不動産投資って奥が深くて、ワンルームマンションの分譲、ファミリータイプの分譲、アパートやマンションの一棟、店舗ビル、それぞれ必要なノウハウが違うんです。でも、多くの不動産投資本はそれぞれのノウハウがごちゃまぜに書かれてて、自分は初心者の時に理解に苦労しました。

だからこそ、この本は、一般のサラリーマンが初めてワンルームマンション投資を行うためのノウハウだけが入ってます。何千万と資産がある人は、この本じゃなく一棟物投資の本が向いてます。

今まで友人から「不動産投資を始めるにはまず何を読めばよいの?」と聞かれ、いつも困っていたのが、これからは「この本がお勧め」って推薦できる本が出来たのが何より嬉しいです。

自画自賛？　確かに。でもこの内容で1，380円って、著者としては頭にくるぐらい安すぎますよ（笑）。

この本を読まれ実践された方は、是非、経過結果を報告して頂き、投資仲間になって欲しい。

最後に、ノウハウとチャンスを与えてくれた多くの不動産関係者に心から感謝の意を捧げます。

国房啓一郎

●不動産投資はあなたの人生を変えます

もし、不動産投資は不労所得で、ラクして儲かると思って、この本を手に取られた方がいらっしゃったら、ごめんなさい。冒頭でも申し上げましたが、不動産投資は頭金ゼロでは始められませんし、電話1本で何もかも済む、ラクな商売ではありません。

でも、金融商品と違って、自分の情報収集能力や、小さな創意工夫が生きる、努力が報われる仕事でもあり、確実に儲け続けられる投資でもあります。

私は、この部分があるから、特に若い人にチャレンジしてほしいと思うのです。

不動産投資は情報戦です。その他の投資もすべからく情報戦ではありますが、隠された情報が多いだけに、不動産投資は情報次第で勝ち負けが決まります。そのため、ネットやパソコンに抵抗のない世代ほど有利なのです。きちんと情報収集できれば、そして、その後、現場に出て泥にまみれる覚悟があれば、学歴も会社名も何にも関係ありません。実力だけで、勝ち続けられるのです。

そして、勝ち続けた先に何があるか。

それは自分のやりたいことをやれる、自由へのチャンスです。今回、この本を一緒に作った国房さんがいい例だと思います。彼は不動産収入で生活していけるだけの基礎を作って会社を辞め、今は友人と会社を興すなど、自分のやりたい仕事に邁進中。忙しそうですが、羨ましくなるくらい、楽しそうでもあります。

あなたが、今の仕事や人生を変えたいと思っているのなら、不動産投資はそのための経済的基盤となってくれます。金融商品のように劇的には儲からないので、しばらくは努力の日々が必要ですが、確実に自由になれる日が来るはず。それを信じて、そして、この本で国房さんが書いたノウハウを信じて、どうぞ、チャレンジしてみてください。

最後に、国房さんと私が出会うチャンスを与えてくれたミクシィに、この企画に注目してくださった翔泳社の泉さんに、その泉さんに出会う機会を作ってくれた和田奈加子さんに、楽しい漫画を書いてくださった鈴木みそさんに、私の大事なビジネスパートナー三輪鈴子さんに、私のつっかえ棒であるダンナに、そして、これまで私を支えてきてくださった多くの公私にわたる友人、知り合いの皆様に深く、感謝を捧げます。ありがとうございました。

中川寛子

【執筆陣プロフィール】

国房啓一郎（くにふさ・けいいちろう）……4年ほど前、かの『金持ち父さん、貧乏父さん』（ロバート・キヨサキ著）で不動産投資の可能性を実感。10年間続けた金融商品の投資を引き上げ、3年前より不動産投資を始める。ワンルームマンション1室を手がかりに、現在は30部屋の不動産を所有。年間1500万円を超える家賃収入を得る。

1970年山口県生まれ。F1のメカニックに憧れ入った自動車整備専門学校卒業後、夢を断念し、フリーター。そして無職に。その後、趣味であったパソコンの知識を手がかりにIT会社に勤務。その後1999年にマイクロソフトに入社。そして2006年、不動産投資からの収入を元に、新たな可能性にチャレンジするため、同社を退社。現在は、過去の経験を活かし執筆と新規事業のプロデュースなどで活躍中。

中川寛子（なかがわ・ひろこ）……不動産を売る、買う、投資する、貸すなどに詳しいフリー編集者。賃貸に関しては20年以上の編集経験があり、貸す側、借りる側双方からの視点で語れる珍しい存在。不動産市場の変化、今どき貸しやすい部屋などにも詳しい。All Aboutで「住みやすい街選び（首都圏）」のガイドを務めるなど、街選びにも一家言あり。

鈴木みそ……東京芸大絵画科除籍後、漫画雑誌の編集、ゲーム雑誌のライターなどを経て、漫画家としてデビュー。『銭』、『おとなのしくみ』（ともにエンターブレイン）など、綿密な取材をベースにさまざまな業界のしくみをその生臭さとともに分かりやすく解説する作品には、独特の迫力がある。本書では巻頭の漫画を担当。

装丁　スタジオ・ギブ（河南祐介）
マンガ　鈴木みそ
本文イラスト　ふじたきりん
DTP　株式会社ムックハウス・ジュニア

ど素人《しろうと》がはじめる不動産《ふどうさん》投資《とうし》の本《ほん》

2006年 8月 9日　初版第1刷発行
2011年 3月 5日　初版第8刷発行
著　者　国房啓一郎、中川寛子
発行人　佐々木 幹夫
発行所　株式会社 翔泳社（http://www.shoeisha.co.jp）
印刷・製本　株式会社 廣済堂

ISBN4-7981-1198-8
Printed in Japan